モクテルとは？

　モクテル（MOCKTAIL）は、MOCK（偽りの、見せかけの）という言葉とCOCKTAILを組み合わせた造語。お酒を使わないで作る、カクテルに見えるけれどカクテルとは別の飲み物のこと。バーの最先端と言われるロンドンでモクテル人気が高まり、モクテルの専門店が登場するほどになっている。

　世界のセレブが集まるドバイのホテルのバーのメニュー表にも、モクテルのページが設けられているところが多いというし、タヒチやモルディブのリゾートホテルでも、モクテルのメニューを充実させているという。

　アジアでは、宗教的な理由で飲酒を禁止したり、飲酒の販売を制限する日時を設けている国もある。そうした国々でも、モクテルは親しまれている。

　モクテルと従来のソフトドリンクやジュースとは違う点は、まず、モクテルはノンアルコールのお洒落な飲み物であるということ。まるで、カクテルを飲んでいるような雰囲気を味わえ、味わっている姿はカクテルを飲んでいるかのように見える——飲む人も、周りの人も、その魅力にすんなり浸れるのが、モクテルだ。

モクテルで楽しむ！

　モクテルは、ノンアルコールなので、お酒を飲めない人も楽しめる。お酒が飲めない人には、体質的にお酒が飲めない人と、車で来店したから飲めない人もいる。さらに、ここに、お酒を飲みたい気分でない人も加わってきた。お酒は飲めるけれど、「今日は飲みたくない」、「これ以上、酔いたくない」、「2店目はノンアルコールで」といったモクテルの注文動機もある。

　ノンアルコールの飲み物は、飲み続けても酔わないので、疲れない。お酒を飲んだ後に、酔い覚まし的にさっぱりする効果もある。また、お酒を飲んでいる間にモクテルをはさむことで、気分転換にもなる。フレッシュフルーツやハーブなどを使うモクテルが多いので、そのヘルシーさを補てんできそうな安心感もある。

　また、フレンチやイタリアンのコース料理など、きちんとした食事をするとき、「お酒が飲めないから、ウーロン茶かジュースか水と」では……。料理が"非日常"なのに、飲み物がウーロン茶では、ちょっと寂しく感じるのが正直なところ。その点、お洒落な、甘さを抑えたモクテルなら、料理も引き立つし、テーブルの上の雰囲気も良くなる。

魅力の広がる **モクテル！**

　モクテルの魅力は、味だけではない。モクテルの魅力は、カクテルを飲んでいるかのように楽しめること、カクテルを飲むような雰囲気に浸れること、お洒落な料理とのマッチングもいいこと、などにある。だから、MOCKTAILで大切になるのは、「MOCK」の部分。いかに、お酒を使わないでカクテルに似せるか、カクテルっぽく、上手に偽るかがポイントになる。

　スピリッツやリキュールを組み合わせるカクテルは、それによって、味わいに奥行き、厚みが出る。香りの広がりも出て、余韻も良くなる。お酒を使わないで、カクテルの魅力に近づけるには、工夫やアイデアも必要だ。ハーブ、スパイスの使い方、コーヒー・紅茶・ココアの合わせ方・選び方などもモクテルでは魅力を高めるポイントになる。

　グラスの飾り（Garnish）も、日常のソフトドリンクとは違う、"非日常"の演出と効果を工夫したい。

　そして、作るプロセスもモクテルの味わいの一部に。シェイクして作るスタイル、ブレンダーやソーダサイフォンやスモークマシンなどの機器を使う様子を通して、「どんな味に仕上がるのだろう？」という期待を抱かせるのもモクテルの魅力。そのときの作り手の会話もモクテルの楽しさ・おいしさにつながる。プロの技術と経験が、モクテルの創作には生かされ、モクテルの魅力を拡げていく。

MOCKTAIL BOOK

ノンアルコールカクテル

―人気のモクテルの世界―

Contents

MOCKTAIL BOOK
ノンアルコールカクテル

—人気のモクテルの世界—

Contents

本書をお読みになる前に

- 各店の営業時間、定休日などのショップデータは、2021年7月現在の、通常時のものです。
- 掲載するモクテルは、店ごとに時季により提供しないものもあります。器、材料、盛り付けなどは変わることがあります。
- 掲載している価格は、サービス料が別のところもあります。また時季により変更されることがあります。
- 価格表示のないモクテルは、取材時に試作していただいた参考メニューです。提供していない場合があります。
- 材料と作り方、使う器具・機器の表記は、各店の方法に従っています。
- グラスに入れる氷、シェーカーに入れる氷は、材料から省いています。
- 作り方の分量のところに「適量」とあるものは、グラスの大きさに合わせたり、味の様子を見ながら、お好みで調整してください。
- 作り方のところに「満たす」「アップする」とあるものは、グラスの大きさや氷の数に合わせて「満たす」ということです。

memento mori

代表取締役 Grand Mixologist 南雲主于三

2006年に渡英し、ロンドンの『NOBU London』に勤務。2007年に帰国し、『XEX TOKYO』のヘッドバーテンダーとして活躍。2009年に独立し、『codename MIXOLOGY tokyo』をオープン。現在、東京・赤坂と八重洲に3店舗を展開。六本木に開店予定。

memeuto mori
住所／東京都港区虎ノ門1-17-1
虎ノ門ヒルズビジネスタワー3F
電話／03-6206-6625
営業時間／14時〜23時

モクテルは、仕込みや手間で、味わいに複層性を

カクテルは、スピリッツやリキュールを混ぜることで生まれる酒の味わいの厚み、味の複層性が魅力です。モクテルでは、アルコールを使わないで味の複層性をいかに表現するかが難しいところです。そして、ミックスジュースとモクテルとの違いも、ここにあると思います。モクテルでは、味の厚み、余韻、深みが魅力になります。そのために、単に混ぜるだけで作るのではなく、仕込みや手間が大切になります。たとえば、トマトジュースを使うのではなく、トマトを遠心分離機にかけて透明なトマト液を作っておいたり、コ

ーヒーを冷たいココナッツウォーターで時間をかけて水出し抽出したり、特徴のある野菜のシロップを作って置いたり。そして、味・香りを良くするために、使う材料は、フレッシュなもので。バジルパウダーも液体窒素で凍らせ、モクテルを作る直前にパウダーにして使うなどします。

カクテルのように、いい気分で味わえ、それでいて、ノンアルコールなので、飲んでいて疲れないのがモクテルのいいところです。お酒が好きな人にも、魅力あるモクテルはこれから注目されてくると思います。

ミニミニパプリカ、紅芯大根、エディブルフラワー
などをサラダのように飾った、食べるように味わう、
野菜のソースをイメージ。濃厚ながら飲みやすさを計
算して作ったモクテル。パプリカの果肉のほか、球根
植物のリコリスのパウダーを合わせて「土っぽさ」を加
味し、「野菜畑」をグラスの中に表現。ビーツのジュー
スを合わせ、厚みと余韻のある味わいにした。味のア
クセントになる塩は、フォームにして飾りの野菜の上
にのせた。1200円（税別）

Butter washed Coconut Coffee

スピリッツにバターやベーコンなどのフレーバーをまとわせる、ミクソロジーカクテルでのwashedの技法で、コーヒー使ってモクテルに。コーヒーはホンジェラスのミラヴァーイェ。酸味がありフルーティーな香味が特徴のコーヒーで、甘さを加えるとバランスがいいのでココナッツウォーターで水出しで抽出。さらに溶かしバターを合わせて冷やしてバターの風味をまとわせた。酸味と甘みとコクのバランスでコーヒーを複層的な味わいにした。1000円（税別）

Wasabi & Peach

口に含んだとき、まず、桃の甘さと香りが広がる。それが
喉を通り過ぎるとき、本ワサビの香味と弱い刺激を遠くで
感じる。桃の風味のあとにワサビを感じるとは想像がつか
ない、そんなサプライズが楽しい味わいになるモクテルだ。
桃とワサビの、2つの個性がわかりやすく伝わるよう、桃
の果汁を邪魔しない「水」と、桃の味を引き立てる酸味と甘
みで構築した。1200円（税別）

Caprese Martini

キメの細かいクレマの下から、トマトの爽やかな香味が口の中へ。トマトらしくない透明感のある色合いなので、そのギャップからもトマト香味のインパクトは強まる。これは、トマトを遠心分離機にかけて透明な果汁にしたものを使用するから。また、バジルは液体窒素で-196℃で凍らせてつぶす。バジルの断面が多くなるので生のバジルの葉をつぶすより成分がよく出る。ミクソロジーカクテルの技法を駆使して「カプレーゼ」というイタリア南部のサラダ料理をグラスの中に凝縮させた。1200円（税別）

Pha-ngan

Pha-ngan（パガン）は、タイの南のリゾート島の名前。ココナッツ島の異名があり、島はココナッツの木におおわれている。そのイメージで、フレッシュ・ココナッツウォーターを使い、モクテルに。パンダンという独特の香ばしさとコクのある葉で作ったシロップを使い、アクセントにはタイのフレッシュのグリーンペッパーを。辛さがマイルドなフレッシュのグリーンペッパーをかじりながら、味わってもらう趣向。ノンアルコールだが、ココナッツ島でのバカンスに酔いしれるような余韻が続く一杯。1100円（税別）

Earth & Farm

材料

赤パプリカ…⅛個	紅芯大根…適量
黄パプリカ…⅛個	エディブルフラワー…適量
ビーツジュース※…60ml	紅時雨…適量
リコリスシロップ※…15ml	
レモン果汁…15ml	※ビーツジュース
ジンジャーエッセンス	｜ スロージューサーで搾ったビ
…1tsp	ーツのジュース。
ジンジャービア	※リコリスシロップ
（フェンテマンス）…60ml	｜ リコリスのパウダーを水に溶
ソルト・フォーム※…適量	かし、砂糖を加えて火にかけ
クラッシュアイス…適量	て煮詰めたもの。
〈Garnish〉	※ソルト・フォーム
ミニミニパプリカ（赤と黄色）	｜ レシチンと塩を水に溶かし、
…適量	泡立てる。

1
パプリカは適当な大きさに切ってボストンシェーカーのティンに入れてペストルでつぶす。

2
ビーツジュース、リコリスシロップ、レモン果汁、ジンジャーエッセンス（特製）とクラッシュアイスを1に加えてシェイクする。

3
グラスに注ぎ、ジンジャービアで満たす。

4
野菜とエディブルフラワーなどを飾る。野菜の上にソルト・フォームをのせる。

Butter washed Coconut Coffee

材料(仕込み量)

コーヒー豆（ホンジェラス・ミラヴァーイェ）
…15g
ココナッツウォーター…225ml
バター（無塩）…2g

1
コーヒーを中細に挽く。

2
ココナッツウォーターとコーヒー粉を合わせて混ぜ、冷蔵庫で12時間置く。

3
目の細かいストレーナーで漉し、溶かしバターを混ぜ合わせて冷蔵庫で冷やす。

4
表面のバターが固まったら穴をあけて、液体だけ取り出し、ペーパーフィルターで漉して冷蔵庫で冷やし、グラッパグラスに注ぐ。

Wasabi&Peach

材料

桃…½個
本ワサビ…1tsp
レモン果汁…10ml
シロップ…10ml
ミネラルウォーター…40ml
〈Garnish〉
エディブルフラワー…適量

1
ワサビをすりおろす。

2
ボストンシェーカーのティンに、1と皮をむい
てカットした桃、水、レモン果汁、シロップを
入れてハンドブレンダーで攪拌する。

3
氷とともにシェイクし、目の細かいストレーナ
ーで漉しながらダブルウォールグラスに注ぐ。

4
エディブルフラワーを飾る。

Caprese Martini

材料

クリア・トマト・リキッド※
　…60ml
レモン果汁…10ml
バジルパウダー※…2枚分
シロップ… 5 ml
卵白…30ml
トニックウォーター…50ml
ブラックペッパー…適量
ピンクペッパー…適量
トマトパウダー※…適量
カシスパウダー…適量
EXV.オリーブオイル…少々
〈Garnish〉
チェリートマト…½個
モッツァレラチーズ…適量

※クリア・トマト・リキッド
1 フルーツトマトを遠心分離機
　にかけて、皮、タネ、色素を
　分離させて取り出した透明な
　トマトのジュース。
※バジルパウダー
1 フレッシュバジルの葉に液体
　窒素をかけてペストルでつぶ
　してパウダー状にしたもの。
※トマトパウダー
1 上記のクリア・トマト・リキッ
　ドを作るとき、遠心分離機で
　分離させたトマトの皮を乾燥
　させてパウダー状にしたも
　の。

1
シェーカーのティンに、クリア・トマト・リキッド、レモン果汁、
バジルパウダー、シロップ、卵白、氷を入れてシェイクする。

2
カクテルグラスに目の細かいストレーナーで漉しながら注ぐ。

3
トニックウォーターを注ぎ、ブラックペッパー、ピンクペッ
パー、トマトパウダー、カシスパウダー、EXV.オリーブオイ
ルをふる。

4
チェリートマトとモッツァレラチーズをカクテルピンに刺し、
グラスに飾る。

Pha-ngan

材料

フレッシュ・ココナッツウォーター…40ml
パッションフルーツ・ピューレ…15ml
レモン果汁…10ml
パンダンリーフ・シロップ※…15ml
卵白…30ml
〈Garnish〉
フレッシュ・グリーンペッパー（タイ産）
　…適量

※パンダンリーフ・シロップ
1 パンダンの葉を水に入れて火にかけて炊き、香り
　が移ったら砂糖を加えて煮詰めたもの。

1
材料をすべてシェーカーに入れ、氷とともにシ
ェイクする。

2
ココナッツカップに、目の細かいストレーナー
で濾しながら注ぐ。

3
フレッシュのタイ産のグリーンペッパーを添え
る。

バー バーンズ

BAR BARNS

オーナーバーテンダー 平井杜居

モクテルで、
BARの雰囲気を楽しんでもらうのが、プロの技

名古屋市内の老舗のバーで11年
修業した後、2002年3月に『BAR
BARNS』をオープン。豊富なオール
ドボトルと季節の素材のカクテル、
充実した食事メニュー、ゆきとどい
た接客は定評がある。

BAR BARNS
住所／愛知県名古屋市中区栄
2-3-32　アマノビル地下1階
電話／052-203-1114
営業時間／月曜日〜土曜日
（水曜日を除く）は18時〜翌2時、
日曜日と水曜日と祝日は
18時〜24時
定休日／不定休
http://bar-barns.jp

　モクテルとソフトドリンクは、いい
意味では同じだと思います。「すてき
なソフトドリンクだった」という言い
方をされれば、モクテルと言い換えて
も同じです。

　BARは、お酒を飲むのが当たり前の
空間です。そのBARで、いかにノン
アルコールの飲み物を楽しんでもらう
か。そのためには、プロの工夫が不可
欠になると考えています。アルコール
を使わないで作る分、ひと工夫もふた
工夫も大切になると思います。その意
味で、モクテルでもガーニッシュを大
切にしています。果物の皮を抜き型で

抜いて、かわいいガーニッシュを開店
前に毎日いろいろ仕込みます。クッキ
ーの抜き型を曲げたり細工してオリジ
ナルの抜き型も作っています。

　モクテルは、お酒が飲めない人のた
めだけの飲み物ではありません。「今
日は、まず、さっぱりしたいからモク
テルで」という場面。「もう、今日は1
軒飲んできたからモクテルで」という
場面。「最後にデザート系のモクテル
で」という場面など、あります。いろ
いろな場面があるので、モクテルも選
べるほうが楽しめます。モクテルのラ
インナップづくりも、プロの技です。

かぼちゃのモクテル

同店で人気の「食べるカクテルシリーズ」の一つ。これは秋口から提供する、長野産の無添加かぼちゃ焼酎を使うカクテルのノンアルコール版。撮影時は、北海道産栗マロンかぼちゃを使用。皮の部分と分けて2層にした。皮の部分には抹茶を加え、皮の匂いを消している。そのかぼちゃの特徴である濃厚なコクにより、まるで、かぼちゃのプリンを飲んでいるよう。栗マロンかぼちゃの旬が過ぎたら栗まろーねに。豊富なデンプンでなめらかな口溶けの特徴を生かすモクテルにする。1200円（税別）

梨（幸水）のモクテル

梨をメインにした内容ながら、初めて飲む人の多くが、「どうやって作ったの?」と驚く。飲めるけれど、食感も残っているので、スプーンを添えて出す。梨のいろいろな美味しさが口の中で味わえる。梨の魅力は、果汁の多さと歯ざわり。完全にジュースにすると梨らしさが弱まるので、微妙な食感を残して絞れるよう、ハンドジューサーの穴の大きさと穴の数を何回も試作しながら梨用に改良した。梨は、幸水。幸水の次は豊水を使用。幸水、豊水が出る8月中旬から9月下旬のみ提供する。1000円（税別）

カボスのバージン・スカイボール

ウォッカトニックにライムやレモンを加えるカクテル「スカイボール」のノンアルコール版。大分産の無農薬栽培のカボスを使い、その果汁と皮の両方を生かして、酸っぱ・ほろ苦いモクテルに。搾ったあとのカボスの半分は皮ごとマグカップに入れ、仕上げにカボスピールを絞り、カボスの芳香をまとわせる。すだち、柚子でアレンジもできる。
900円（税別）

メープルシロップ、マスカルポーネチーズのモクテル

女性客に喜んでもらえるように考案した、ドイツ・マリエンホーフ社の「バター・スコッチ」というアーモンド・リキュールを使ったカクテルのノンアルコール版。ティラミスをイメージした、デザート・モクテルで、メイプルシロップのほか、各種のジャムやフルーツソースでもアレンジできる。ポイントは、ブレンダーでほんの3〜5秒ほどしか撹拌しないこと。マスカルポーネチーズを砕き過ぎないようにして、飲んだときにマスカルポーネチーズの粒粒感を感じられるようにすること。この粒粒感で、デザート感が増すからだ。1200円（税別）

2種類のメロンのフローズン・モクテル

クラウンメロンとクインシーメロンの、2種類のメロンの香りと甘さ
を層にして提供。それぞれ果肉を凍らせてからブレンダーにかけ、ジ
ュースとは違うテクスチャーに。スプーンも添えて出す。ポイントは、
シロップの合わせ方。凍らせるとメロンの甘みの感じ方が弱くなるの
で、グラスの底、メロンとメロンの間、そして上の3か所にシロップ
をしのばせる。カクテルにする場合は、グラスの底にウォッカを入れ、
混ぜて飲んでもらう。1200円(税別)

いちじくのフローズン・モクテル

いちじくは愛知県の特産。そのいちじくの旬である9月中旬〜10月に提供するモクテル。ホワイトペッパーをふることで、味がしまる。一緒にブレンダーにかけてもいい。スプーンとストローを添えている。カクテルとして提供するときは、このモクテルにフランス・ソーテルヌの甘口白ワインをひと口と、生ハムを別に添えるスタイルに。白ワインと混ぜてカクテルにするより、別々に出して味わって余韻やあと味の変化を楽しむほうが面白く味わえるから。1200円（税別）

ティラミス・モクテル

P22の「メープルシロップ、マスカルポーネチーズのモクテル」のように飲むデザートを意識したモクテルではなく、エスプレッソの苦みとマスカルポーネチーズのコクを味わうパンチのある一杯。ただし、添えられたカステラを一緒に味わうと、その甘さと生地の広がりで、デザートのティラミスのイメージが膨らんでくるという楽しさがある。カクテルにする場合は、深煎りコーヒー豆をウォッカに漬けたコーヒーウォッカとエスプレッソを混ぜて作る。
1200円（税別）

かぼちゃのモクテル

材料

かぼちゃの実のモクテル※
　…適量
かぼちゃの皮のモクテル※
　…適量
〈Garnish〉
かぼちゃのタネ…3粒

─ ※かぼちゃの実のモクテル
材料
(皮を除いた部分の仕込み量)
かぼちゃ…375g
水…75g
豆乳…200〜225ml
シロップ…30ml
塩…ひとつまみ

1　かぼちゃと水を合わせて電子
　レンジにかけて、実をやわら
　かくする
2　豆乳、シロップ、塩と1をミ
　キサーで撹拌する。豆乳の量
　で濃度を調節する。

3　目の細かいシノワで漉し、冷
　やす。

─ ※かぼちゃの皮のモクテル
材料(皮の部分の仕込み量)
かぼちゃの皮…100g
水…20g
豆乳…50〜80ml
シロップ…15〜20ml
抹茶…適量

1　かぼちゃの皮と水を合わせて
　電子レンジにかけて、実を
　やわらかくする。
2　豆乳、シロップ、抹茶と1を
　ミキサーで撹拌する。豆乳の
　量で濃度を調節する。シロッ
　プで甘さは加減する。皮の匂
　いを消すため、抹茶は多めに
　合わせる。
3　目の細かいシノワで漉し、冷
　やす。

1
グラスにかぼちゃの皮のモクテルを流す。

2
上から静かにかぼちゃの実のモクテルを流して層にする。

3
かぼちゃのタネを飾る。

梨(幸水)のモクテル

材料

梨(幸水)…1／2個(120〜150g)
ライムジュース…適量
シロップ…適量
〈Garnish〉
梨の皮と梨の実※

─ ※梨の皮と梨の実のGarnish
1　梨の実を薄切りにして、ハート型の型抜きて抜く。
　その中を小さいハート型の型抜きで抜く。同じく
　小さいハート型の型抜きで梨の皮を抜く。抜いた
　ハート型の皮をくり抜いた梨の実にはめ込む

1
冷やした梨の皮をむき、芯を除いて、特製ハンドジューサーで絞る。

2
味見をして、梨が酸っぱかったらシロップを加え、酸味が足りなかったらライムジュースで調整する。

3
冷やしたグラスに注ぎ、ハートにくり抜いた梨の実を飾る。スプーンを添えて提供する。

カボスのバージン・スカイボール

材料

カボス(無農薬栽培)…1個
トニックウォーター…適量
〈Garnish〉
レモンの皮とカボスの皮※

※レモンの皮とカボスの皮
1 レモンの皮をむいてハート型に型抜きをする。カボスの皮
  をむいて流れ星型の型抜きで抜く。ハート型に抜いたレ
  モンの皮の一部を流れ星型の型抜きで抜いて、そこに流れ
  星型のカボス皮をはめ込む。

1
カボスは半分に切り、スクイーザーで絞る。

2
搾った果汁はタネを除いて氷を入れたカップに
入れ、カボスの半分は皮ごとカップに入れる。

3
トニックウォーターで満たし、レモンとカボス
の皮の飾りを付ける。

メープルシロップ、
マスカルポーネチーズのモクテル

材料

マスカルポーネチーズ…30g
メイプルシロップ…10ml
牛乳…10ml
バニラアイスクリーム…30g
シナモンパウダー…少々

1
シナモンパウダー以外の材料をブレンダーに入
れ、ほんの数秒回してから、グラスに注ぐ。

2
シナモンパウダーをふる。

2種類のメロンの
フローズン・モクテル

材料

クラウンメロン…90g
クインシーメロン…90g
シロップ…適量
〈Garnish〉
ミントの葉

1
メロンはそれぞれ、皮から果肉をはずして適当
な大きさにカットして冷凍して凍らせる。

2
それぞれのメロンを別々にブレンダーにかけて
スムージー状にする。

3
グラスにシロップを入れて、一方のメロンスム
ージーを注ぐ。その上にシロップを垂らして、
もう一方のメロンスムージーを静かに注いで2
層にする。

4
上にシロップを垂らし、ミントの葉を飾る。

いちじくのフローズン・モクテル

材料

いちじく…60g
シロップ…15ml
クラッシュアイス…60〜80g
ホワイトペッパー…少々
〈Garnish〉
チャービル…適量

1
いちじくは皮をむき、氷とシロップとともにブ
レンダーにかける。

2
グラスに注ぎ、ホワイトペッパーをふる。チャ
ービルを飾る。

ティラミス・モクテル

材料

エスプレッソ…30〜40ml
マスカルポーネチーズ…50〜60g
シロップ…10〜15ml
ココアパウダー…適量

1
ココアパウダー以外の材料をブレンダーでまわす。飲みやすい、とろとろの状態がいい。

2
グラスに注ぎ、表面にココアパウダーをふる。

3
カットしたカステラやベビーカステラを添える。

BAR Keith

オーナーバーテンダー 井伊大輔

井伊大輔さんは、神戸・北野クラブ、神戸ホテルオークラで修業し、スコットランドへ。帰国後は神戸オールドイングランド支配人を務め、1999年に『バー・キース』を開業。豊富なオールドボトルと、井伊さんとの会話を楽しみに訪れる著名人も多い。

BAR Keith
住所／兵庫県神戸市中央区中山手通り
1-27-10　TENSEIハンター坂ビル3F
電話／078-222-4500
営業時間／19時〜翌1時
定休日／日曜日（連休のときは月曜日）

レストランの料理をヒントに生まれた、「調理する」ノンアルコールカクテル

神戸を代表する名店『バー・キース』。各界著名人にも人気の店だ。ウイスキーのオールドボトルが、カウンター上にさり気なく並ぶだけでなく、ストックも豊富。カクテルも多彩な上、オーナーバーテンダーの井伊大輔さんの、軽妙で幅の広いお酒の話題を楽しみに来店する常連客を集めている。

井伊さんはウイスキーと料理の相性についても研究熱心で、そのためさまざまなジャンルのレストランを食べ歩いては、どの料理にはどのようなお酒が合うかを実践。その中から生まれたノンアルコールカクテルが、夏場を中心に人気を集め、名物になっているガスパチョだ。。スペインレストランの料理をヒントに思いついたカクテルだ。

「元々、トマトジュースのフレッシュは出していました。あるとき、レストランでガスパチョを作るときにトマトジュースを使うことを聞いて、作ったのがきっかけです」と井伊さん。

出すのは基本夏場。ただし、年末などには飲み疲れした人も多いので、その人たちのために出すときもあるという。逆に1〜3月は、野菜をミネストローネにして、それをノンアルコールカクテルにすることもある。

ガスパチョ

ガスパチョからヒントを得て考案。夏野菜を、酸をきかせてマリネしペーストに。それに、すりおろしたトマトを組み合わせた。料理との違いは、フレッシュトマトで作ること、仕上げにシェークすること。シェークすることで空気が含まれて、酸がまろやかになる。酸味があり、野菜たっぷりで健康にいいイメージがあるため、1人で3杯くらい飲む人もいる。2000円(税込)

ガスパチョ

材料

セロリ…3本	赤ワインビネガー…適量
パプリカ…大1個	オリーブオイル…少量
ピーマン…小3個	タバスコ…少々
トマト…大1個	塩・胡椒…各適量
きゅうり…1本	パン…少々
玉ねぎ…½個	
にんにく…2片	トマト…適量
エストラゴン…適量	〈Garnish〉
	ライム…適量
	マルドンの塩…適量

1
パプリカ、ピーマンはヘタと種を取って、他の野菜類とともに適当な大きさにカットする。

2
カットした野菜とパン少々をバットに入れ、ひたひたの赤ワインビネガーと、少量のタバスコ、塩・胡椒、オリーブオイル少々を加えてざっと混ぜ、空気が入らないようラップを密着させ、冷蔵庫で2日間マリネする。

3
マリネした材料は、ブレンダーでペースト状にする。

4
トマトはすりおろしておく。

5
3のペーストとすりおろしトマトを同割りでシェーカーに入れ、氷とともにシェークする。

6
グラスの縁をライムで拭き、塩でスノースタイルにしたグラスに注ぐ。

バー カプリス

BAR CAPRICE

オーナーバーテンダー **福島寿継**

オーセンティックなバーの一杯らしい、
ノンアルコールカクテルの代表格

バーテンダースクール卒業後、大ベテランバーテンダーの大泉 洋氏の「コレヒオ」に入社し、バーテンダーの修業を始める。2004年、「コレヒオ」が移転し「コレオス」となり、さらに「コレオス」閉店を受けて、2014年『カプリス』を開業。

BAR CAPRICE

住所／東京都渋谷区道玄坂2-6-11
鳥升ビル地下1階
電話／03-5459-1757
営業時間／18:00〜翌1:00
(L.O.23:30。日曜日は23:00まで)
定休日／火曜日、祝日

『バー・カプリス』オーナー・バーテンダーの福島寿継さんは、進駐軍の将校クラブのバー、赤坂山王ホテルやホテルニューオータニなどでバーテンダーを務めてきた大ベテラン・バーテンダー大泉 洋さんの下で、独立までの20年間修業してきた経歴を持つ。

新しくスタートした店も、大泉氏のスタイルを受け継ぐ正統派のバー。それに加えて、修業時代はできなかったことも少しずつ始めている。

「例えば、修業中から集めていたプライベートストックを棚に置き始めました。ブレンデッドの美味しさも知って

ほしいと思っています」と福島さん。

「ノンアルコールカクテルはご夫婦で来られて、奥様が飲めない、というかたがたまにいらっしゃいます」

そうしたお客に福島さんがお勧めするのが、サラトガクーラーだ。

「すっきりとして飲みやすく、でもソフトドリンクのような感じはしない。バーのロングカクテルらしい雰囲気があります。アメリカ帰りのお客様に勧めると、『向こうで、パーティで飲んだことがある』と喜んでいただけることもあります」

サラトガクーラー

アメリカ・ニューヨーク州のリゾート地に名にちなんだ一品で、ビルドで作る、ノンアルコールカクテルの代表格。ライムスカッシュの炭酸を、ジンジャーエールに代えて加えたもの。爽やかな口当たりで、夏場などの暑い日には勧めやすい。アメリカでは、古くからパーティなどでよく出されたりする。1000円（税別）

サラトガクーラー

材料

フレッシュライムジュース…1個分
シュガーシロップ…20ml
ジンジャーエール…適量
ライムピール

1
グラスにライムジュースとシュガーシロップを
入れ、氷を入れてステアし、冷やす。

2
ジンジャーエールで満たし、ライムピールを絞
る。

亀島延昌さんは、銀座「タリスカー」で修業後、新宿ほかのバーを回り計10年修業。2004年3月、ビル9階に『バー・エヴィータ』をオープン。豊富なオールドボトルに加え、スタンダード・カクテルから季節のフルーツ・カクテルが人気だ。

BAR EVITA
住所／東京都中央区銀座8-4-24
藤井ビル9階
電話／03-3574-5571
営業時間／18:00〜翌2:00
（祝日は23:00まで）
定休日／日曜日
http://www.bar-evita.jp

バー エヴィータ

BAR EVITA

オーナーバーテンダー 亀島延昌

喫茶店のドリンクもヒントに。
季節の果物で作るノンアルコールカクテル

『エヴィータ』は、銀座の外堀通り沿いのビル9階で人気を集めるバー。オーナーバーテンダーの亀島延昌さんが集めたオールドボトルが豊富に揃うほか、季節感を活かしたいという考えから、フルーツを使ったカクテルにも力を入れる。

また、アルコールを飲めないお客のために、フルーツの甘さをそのまま活かした季節のノンアルコールカクテルも複数用意している点も特徴。

「うちでは、ノンアルコールカクテルの常連客もいらっしゃいます。酒飲みのお友達を連れてきていただき、ノンアルコールカクテルを飲んで楽しんでいただいています」と亀島さん。季節に応じて他店で味わえないオリジナルの一杯もあることから、それを楽しみに来店するお客を掴んでいる。

「新しいノンアルコールカクテルを考えるときは、喫茶店へ行くことが多いです。喫茶店には、バーにないアイデアがあるからです」と亀島さん。同じドリンクが主体の飲食業でも、アルコールを使わないことが多い業種。だからこそのアイデアや、メニューがあり、バーで出すノンアルコールカクテルのヒントになるという。

小松菜とパイナップルのスムージー

普段、ドリンクとしてあまり口にしないものは何か、という視点から考えた一品。カフェなどでは、野菜を使ったスムージーが女性に人気を集めていることから、ノンアルコールカクテルとして取り入れた。体にいいイメージから、青菜の小松菜を選択。パイナップルを組み合わせることで、青臭さを消した。1200円(税込)

スイカのソルティードッグ

夏らしい、スイカを使ったノンアルコールカクテル。真っ赤な色合い
も美しい。完熟のスイカを使い、ブレンダーで回してグラスに注ぐ。
スイカは塩をふりかけて食べることが多いことから、グラスは塩でス
ノースタイルにして提供。1200円（税込）

小松菜とパイナップルの
スムージー

材料

小松菜…一つかみ
パイナップルジュース…45ml
クラッシュアイス
〈Garnish〉
さくらんぼ
ミントの葉

1
ブレンダーに、小松菜、パイナップルジュース
とクラッシュアイスを入れ、撹拌する。

2
グラスに入れ、さくらんぼとミントの葉を飾る。

スイカのソルティードッグ

材料

スイカ…適量
塩…適量

1
スイカは皮に近い白い部分とタネを除き、適当
な大きさにカットし、ブレンダーで回す。

2
塩でスノースタイルにしたグラスに氷を入れ、
漉し網で漉しながら1を注ぐ。

BAR AUGUSTA Tarlogie

オーナーバーテンダー **品野清光**

看板カクテルや、旬のフルーツを使い、モクテルとしての味わい、飲み応えも重視

ホテル勤務を経て87年に「バー・オーガスタ」を開業。2000年、壁を隔てた隣の現在の場所に『オーガスタ・ターロギー』を開業した。遠方からもお客が来店し、満席になることも。全国的な知名度の関西を代表する人気店。(一社)日本バーテンダー協会関西総括本部本部長。

BAR AUGUSTA
Talrogie

住所／大阪府大阪市北区鶴野町2-3
アラカワビル1階
電話／06-6376-3455
営業時間／17:30〜24:00
定休日／無休(全面禁煙)

　関西を代表するバー、『オーガスタ・ターロギー』。大阪・梅田の繁華街から遠く離れた暗い路地にあって、連日のようにファンを集めて賑わいをみせている。同店オーナー・バーテンダー品野清光さんの、気さくな人柄と楽しい会話、バーボン、そして季節のフルーツを使ったオリジナルカクテルでも人気の店だ。
　「うちは看板カクテルの『オーガスタセブン』に代表されるように、フルーツカクテルが人気で、女性のお客様も多くいらっしゃいます。そのためか、たとえば3人で来られたらそのうち1人はノンアルコールカクテルをオーダーされるかたがいます。他のお2人がフルーツカクテルなので、それに合わせる意味もあって、ノンアルコールカクテルは、その時期に用意している季節のフルーツを使ったものを、お勧めしています」と品野さん。
　それ以外にノンアルコールカクテルを考える際に品野さんは、
　「カクテルとして存在するものからアルコールを抜くと、アルコールのうま味も抜けます。それを酸味、甘み、果物のエキスでどう補い、満足感を出すかを考えます」

ノンアルコール オーガスタセブン

同店オリジナルの名物カクテル。本来はパッションフルーツ・リキュールを使うが、その代わりにパッションフルーツ・シロップを加えて作る。フレッシュのパッションフルーツは近年になって安定的に入るようになったことから、使うようになった。パイナップルが入るので、空気を入れて酸味を和らげるために、長めにシェークするのがポイント。1500円（税抜）

スダチ・スカッシュ

9月初旬から出回る、無農薬のスダチを使った一品。料理でも皮を使うスダ
チの特徴を活かし、タネを取って丸ごとボストンシェーカーでシェークする。
スダチの酸に合わせて、ソーダよりもインパクトのあるトニックウォーター
でアップする。スダチの酸がやさしくなって飲みやすく、後を引く。皮は仕
上げにすりおろしてかけても良い。1200円（税抜）

ノンアルコール モスコーミュール

モスコーミュールからウォッカを抜いた
ノンアルコールカクテルは、定番の一品
ともいえるもの。バージンミュールとい
う人もいる。基本はウォッカを抜いた
だけで、ジンジャーエールで仕上げる。
1200円（税別）

ノンアルコール
オーガスタセブン

材料

フレッシュパッションフルーツ…1個
パッションフルーツシロップ…15ml
レモンジュース…15ml
パイナップルジュース…90ml

1
フレッシュパッションフルーツは、カットして中の果肉をタネとともにボストンシェーカーに入れる。

2
パッションフルーツシロップ、レモンジュースを加え、パイナップルジュースを入れ、氷を詰めて、長めにシェークする。

3
氷とともにグラスに注ぐ。

スダチ・スカッシュ

材料

スダチ…3個
シュガーシロップ…適量
トニックウォーター…適量

1
フレッシュのスダチは、半分にカットしてジュースを絞り、タネを取り除く。

2
ジュースはボストンシェーカーに入れ、スダチの皮も加える。

3
フレッシュスダチジュースと同量のシュガーシロップを加えて氷を入れ、シェークする。

4
氷、スダチとともにグラスに注ぎ、トニックウォーターで満たす。

ノンアルコール
モスコーミュール

材料

フレッシュライム…½個
ジンジャーエール…適量
生姜…適量

1
冷やしたグラスに、生姜をおろし入れる。

2
ライムを絞って皮も入れ、氷を入れる。

3
ジンジャーエールで満たす。

バー ターロギー ソナ

Bar TARLOGIE SONA

オーナーバーテンダー **榊原利生**

フルーツカクテルの名手が提案する、エレガントな **フルーツ・モクテル**

「BAR AUGUSTA TARLOGIE」を経て同店を開業。木の香り漂う店内は北新地には珍しい禁煙スタイルになる。店ではウイスキーなど蒸留酒に合うチョコレートを用意し、双方のマリアージュの楽しみ方にも注力し、洋酒×チョコのイベントも開催。

Bar TARLOGIE SONA
住所／大阪府大阪市北区堂島
1-2-11　山本ビル2階
電話／06-6347-1779
営業時間／17:00〜翌2:00
（土曜は24:00まで）
定休日／日曜日、祝日

　関西を代表する老舗バー『BAR AUGUSTA TARLOGIE』で8年間研鑽を積み、2014年に独立開業した榊原利生さん。バックバーにずらりと並ぶ新旧含めた多彩なシングルモルトやマニアックなカルヴァドスとともに、店内で目を引くのはカウンターに置かれた季節のフルーツ。修業先仕込みのフルーツを使ったカクテルは同店の看板で、フレッシュな風味や食感を活かしたオリジナルカクテルを最初の一杯に選ぶお客も数多い。モクテルを提供する際も、必ずフルーツを使う。「フルーツを使わないノンアルコールカクテルは美味しくないというのが、私の考え方。お酒を入れないことで平坦になる味をフルーツで補い、スパイスで複雑味を加えてバランスを生み出すのが理想です」と榊原さん。モクテルの注文がある場合、まずはどのフルーツを使うかをお客に尋ね、使うフルーツとお客の好みに応じて、味わいを決めていくという。「ノンアルだからといって甘過ぎないよう、食感も考えながら多面的な味で構成していきます。提供の仕方も通常のカクテルと同じスタイルで。お酒を飲んでいる感覚で味わってもらえるよう意識しています」

トマトのノンアルコールカクテル

材料

| トマト（小ぶりのもの）…1個
| レモンジュース…15ml
| リーペリンソース（なければウスターソース）
| …少々
| タバスコ…少々
| バジルソルト…少々
| 黒胡椒…少々

1
トマトをすりおろしてシェーカーに入れ、レモンジュース、リーペリンソース、タバスコ、バジルソルト、黒胡椒を加え、氷を詰めてシェイクする。

2
グラスに注ぐ。

Bar CIELO

オーナーバーテンダー 稗田浩之

世界一周をし、各国で知識と経験を
深める。東京・下北沢と銀座で修業
を積んだ後、2階建ての3Fバー&2Fバ
ルの『Bar CIELO』をオープン。コス
タリカ、ニカラグア、メキシコなど、
毎年恒例の海外研修では1ヶ月かけ
海外を巡る。

Bar CIELO
住所／東京都世田谷区太子堂
4-23-5ファントビル2F-3F
電話／03-3413-7729
営業時間／2階クラフトジンバーは
18時〜翌3時(金曜日、土曜日は翌5
時まで)、3階バーは19時〜翌3時
無休
http://bar-cielo.com/

モクテルには、
カクテルの歴史やルーツを継承した魅力が大切

ロンドンでは、モクテル専門バーが
増えていると聞きます。日本でも、ノ
ンアルコールカクテルに代わってモク
テルの名称がもっと浸透してくると思
います。

モクテルは、何種類かのジュースを
混ぜるだけのノンアルコールドリンク
とは異なり、フレッシュのフルーツや
フレッシュハーブ、野菜を使い、スパ
イスを合わせる場合もすり潰したり、
ふりかけたりと様々で、そこにはカク
テルの歴史やルーツが継承されている
のが基本だと思います。そして、カク
テルの進化も著しく、それに伴いモク

テルの作り方や素材にも変化がでてき
ているのが現代でしょう。

また、モクテルは、イメージや見た
目も大切な魅力です。モクテルは、美
しくゴージャスに。バーの雰囲気に溶
け込んで、飲んでいるお客様ご本人も
バーの雰囲気とともに楽しめる飲み物
であることが大切です。

今後はもっとモクテルの注文率が上
がってくると考えています。世界各国
を廻って実際に体感した経験を生か
し、モクテルの技術とアイデアの向上
に努めていきたいです。

すりおろし生姜とジンジャービア バージンモスコミュール

すりおろしたての生姜の甘みとピリリとした辛さ、ジンジャービアの爽やかな味わいの対比を
愉しめるモクテル。「モスコミュール」の「ミュール」は動物のラバのこと。ラバが蹴るようなパ
ンチのある、という意味がある。そこで、フレッシュの生姜でパンチのある味わいをイメージ
して仕上げた。モスコミュールは銅製のマグカップにジンジャービアで作るのがオリジナルな
ので、モクテルもこれを継承して提供している。1100円(税別)

スイカのバージンソルティドック

ソルティードックの夏バージョンとして、スイカとウォッカと塩で作る「真夏の
ソルティードック」のモクテル版。糖度の高い旬のスイカを選ぶことが一番大事
なポイントで、充分甘さがあるからこそ塩との相性が引き立つ。スイカの果肉は
ガーゼで絞り、ミキサーにかけるよりなめらかな仕上がりに。シンプルな味わい
にすることで、スイカのみずみずしいフレッシュさ、味わいを愉しんでもらう。
なので、いろいろと足さないこともポイント。1200円(税別)

宮崎アップルマンゴーのセミフローズンモクテル

「太陽のタマゴ」と呼ばれる宮崎産の
アップルマンゴーの素材そのものの
良さを全面に出したモクテル。旬の
フルーツの美味しいものを召し上が
っていただきたいので、提供すると
きどきの産地にもこだわっている。
レモンとグレープフルーツジュース
の液体を加えることで喉越しが良く
なり、酸味と甘みのバランスが整
う。マンゴーが主役なので、レモン
とグレープフルーツは引き立たせる
程度の分量にすることがポイント。
1300円(税別)

沖縄産パッションフルーツモクテル

エキゾチックで色気があり、海を想像させ、飲むと南の島でのんびりしているかのようなイメージの、爽やかなモクテルを考案。パッションフルーツの夏を感じる酸味、南国を感じさせる甘い香りを全面に出すために沖縄産を選んだ。香りを楽しみやすいグラスに注いで提供する。1300円(税別)

すりおろし生姜とジンジャービア
バージンモスコミュール

材料

　生生姜(すりおろし)…バースプーン1杯
　ジンジャーシロップ…バースプーン1杯
　ライム果汁　…バースプーン1杯
　ジンジャービア…適量
　ライム…½個

1
生姜をすりおろして、茶漉で濾す。

2
銅製カップに、1と、ジンジャーシロップを加
えて氷を入れる。ライム果汁を加えて、ジンジ
ャービアで満たす。

3
ライムを絞り、そのまま皮ごと添える。

スイカのバージンソルティドック

材料

　ヌチマース塩…適量
　ライム果汁…適量
　小玉すいか…1/6個
　カリブ…適量

1
沖縄ヌチマース塩を、電子レンジで1〜2分加
熱して乾かしてパラパラにする。

2
グラスの淵にライム果汁を付けて、1の塩を付
けてスノースタイルにする。このグラスを冷凍
庫で冷やす。

3
スイカの果肉はガーゼに包んで絞る。

4
グラスに氷を入れて3を注ぐ。甘みが足りない
ときは、カリブを加えて味を整える。

宮崎アップルマンゴーの
セミフローズンモクテル

材料

マンゴーペースト※… ディッシャー2杯
フレッシュレモンジュース …1杯
グレープフルーツジュース… 30ml
カリブ…1杯

※マンゴーペースト
　アップルマンゴー… 1個
　カリブ…少々

1
マンゴーペーストを作る。カリブ少々とマンゴ
ーの果肉をミキサーに入れてまわす。カリブで
甘さは調整する。容器に移し、冷凍庫で冷やし
て固める。

2
マンゴーペーストとレモンジュース、グレープ
フルーツジュース、カリブをミキサーに入れて
まわす。

3
クラッシュアイスを加えて、さらにミキサーで
まわし、スムージー状にする。

4
冷したグラスに注ぎ入れる。

沖縄産パッションフルーツ
モクテル

材料

パッションフルーツ…2個
グレープフルーツジュース…50ml
シロップ…2杯
レモン果汁…1杯
トニックウォーター…適量

1
パッションフルーツ、グレープフルーツジュー
ス、シロップ、レモン果汁をシェーカーでシェ
イクする。

2
グラスに注ぎトニックウォーターで満たす。

バジルのノンアルコールカクテル

バジルを使ったモヒートのような感覚の一品だが、イタリアのバジルではなく、タイ料理に使われるホーリーバジルを使ったノンアルコールカクテル。ホーリーバジルは美容にも良いと女性に関心が高く、茨木にある（株）RFグリーンで養液栽培で作っている機能性野菜の一つ。香りは華やかだがバジルのように強くなく、おだやか。甘めの味わいと良く合う。1000円（税別）

きゅうりのノンアルコールカクテル

きゅうりは、イギリスではカクテルによく使われる素材。また、きゅうりと蜂蜜が合わさると、メロンのような風味になることを利用して作った一杯。香りでも味覚的にも甘ったるくならないよう、ミントの葉とレモンジュースの酸味もきかせたのがポイント。ひと口飲むとメロンの風味が広がるが、後口は爽やかで後を引く。900円（税別）

コーヒーのノンアルコールカクテル

冷たく冷やしたコーヒーのノンアルコールカクテル。甘みとして、ギネスで作るシロップを使うことで、コーヒーの苦みの後からギネスの香りが上がって来て、後口はかなりさっぱりした感じ。仕上げにふりかけたのは、ライ麦パンを焦がした粉。麦を使うギネスに合わせて使ったもので、香ばしい香りが、ギネスの香りとマッチする。900円(税別)

パイナップルのノンアルコールカクテル

クリーミーな甘みとパイナップルの酸味で、デザートとしても楽しめる。元々は、ココナッツが個性が強く、合うカクテルが限定されてており、バーでは意外に使い道がないことから考案した。アクセントとして、スパイスの香りwを抽出したココナッツオイルを合わせて、独自の味わいに仕上げた。カクテルにする場合は、ウォッカかラムを加える。1000円（税別）

ハーブの
ノンアルコールカクテル

材料

フレッシュタイム…2本分
レモングラス…1本分
コリアンダーシード…10粒
オーガニックコーディアル エルダーフラワー
　…10ml
お湯…50ml
トニックウォーター…適量
〈Garnish〉
オレンジスライス
レモンスライス
タイムの葉

1
コリアンダーシードは、すり鉢ですってつぶす。

2
コーヒーサイフォンに、1と残りのハーブを入れ、お
湯を注いで火にかけ、沸騰させてハーブティーを抽
出する。

3
氷を入れたミキシンググラスに2を注ぎ、オーガニッ
クコーディアル エルダーフラワーを加えてステアし、
氷を入れたグラスに注ぐ。

4
氷を入れたグラスに、網で漉しながら注ぎ入れ、ト
ニックウォーターで満たす。ガーニッシュを飾る。

バジルの
ノンアルコールカクテル

材料

ホーリーバジル…一つかみ
レモンジュース…20ml
プレーンシロップ…10ml
炭酸水…適量
〈Garnish〉
ホーリーバジル
レモンスライス

1
グラスにホーリーバジル、レモンジュースとシロ
ップを入れ、つぶす。

2
氷を入れてステアし、炭酸水で満たす。

3
ガーニッシュを飾る。

きゅうりの
ノンアルコールカクテル

材料

ミントの葉…5〜6枚
きゅうりスライス…2枚
レモンジュース…10ml
ハニーシロップ…10ml
炭酸水…適量
クラッシュアイス…適量
〈Garnish〉
きゅうりスライス
パールオニオン
ミントの葉

1
グラスに、ミントの葉、きゅうりスライス、
レモンジュース、ハニーシロップを入れ、
炭酸水を少し入れてつぶす。

2
クラッシュアイスを入れてステアし、炭
酸水で満たす。

3
ガーニッシュを飾る。

コーヒーの
ノンアルコールカクテル

材料

コーヒー…60ml
ギネスシロップ…15ml
ホイップクリーム…適量
〈Garnish〉
ライ麦の粉を焦がしたもの

1
水を入れたミキシンググラスに、コーヒーを抽
出して入れ、ギネスシロップを加えてステアす
る。

2
グラスに注ぎ、ホイップクリームを浮かべ、ラ
イ麦の粉をふる。

パイナップルの
ノンアルコールカクテル

材料

パイナップルの果肉…5cm角4個
パイナップルジュース…60ml
ココナッツクリーム…大さじ1
ココナッツオイルにアニス、オールスパイス、
　　クローブのフレーバーをつけたもの
　　　…小さじ1
クラッシュアイス…適量
〈Garnish〉
パイナップルスライス
ミントの葉

1
ブレンダーに、パイナップルの果肉、パイナップ
ルジュース、ココナッツクリーム、フレバー、コ
コナッツオイル、クラッシュアイスを入れて回す。

2
なめらかになったらグラスに入れ、ガーニッシ
ュを飾る。

カサブランカ片野酒類販売

オーナーバーテンダー 片野靖雄

フルーツを使ったカクテルをメインに、「ほんの1滴」の酒で味わいを高める

前職は税務署職員という異色の経歴の持ち主。2000年から2009年まで「The Bar CASABLANCA」で修業後、実家のある新潟へ。その後、横浜に戻り開業した。フルーツカクテル以外に、シングルモルトに力を入れたスタイルと、フレンドリーな接客で人気を集める。

カサブランカ
片野酒類販売

住所／神奈川県横浜市中区太田町
2-31-3　コーポサンライフ
太田町2階
電話／045-228-7377
営業時間／18:00〜翌5:00
(L.O.翌4:30。日曜日・祝日は
翌3:00まで、L.O.翌2:30)
定休日／年始

　2010年6月に開業した『カサブランカ片野酒類販売』。その名からも分かる通り、片野さんは、店から徒歩5分圏内にあり、国際的なカクテル競技会にも出場経験のある山本悌地氏のバー「The Bar CASABLANCA」で修業の後、独立開業した。

　そのスタイルを踏襲し、フルーツカクテルとスタンダードカクテルに力を入れているが、それに加えてシングルモルトも充実させ、よりフレンドリーな接客が特徴だ。

　基本的には会話の中からお客様の好みや求めるものをお出しします」と片野さん。ノンアルコールカクテルに関しても会話の中から、おすすめの味わいのものを提案する。

　「お酒には、一般的に甘みがあります。しかし使い方によっては、他の甘みを抑えることもできます。アルコールを外すと甘みも消えてしまい、酸味とのバランスが崩れますのでシロップは足しますが、極力ケミカルな香りのするものは避け、、アルコール感が楽しんでいただけるようにしています。アルコールを全く受け付けない方は別にして、ビターズを1滴加えるだけでも味が締まり、美味しくなりますから、お客様を見て加えたりもします」

安納芋のノンアルコールカクテル

オーナーが修業した店では、かぼちゃで作るカクテルがあったため、それとかぶらない野菜のカクテルを出そうと食材を調べていて、安納芋に行き当たった。9月〜3月頃までの季節限定カクテル。本来はラムが入るが、ノンアルコールカクテルでも評判。飲み口はクリーミーで、甘さはやさしく自然。デザート代わりとしても楽しめる。1000円（税込）

ノンアルコール ソルクバーノ

神戸生まれのラムベースカクテル。ノンアルコールでも、100人中、99人が美味しいというので、オーダーがあったらまず勧める。もっと締まった味が好きな場合は、アンゴスチュラビターを1滴落とす。リキュールだが、1滴なのでアルコールの影響はほとんどなく、苦みで味が締まる。アルコールを受け付けない人もいるので、それは会話の中で判断する。1200円（税込）

ノンアルコール アイリッシュコーヒー

アイリッシュコーヒーは、豆をオーダーのつど挽き、サイフォンで抽出したコーヒーを使用。アイリッシュコーヒーは酸味よりも苦みが大事なので、豆はフレンチローストを使っている。冬場によく出る一品だが、カクテルではザラメを使うところを、ノンアルコールではアイリッシュシロップを使うことで、アルコールのテイストを補った。1000円(税込)

梨のノンアルコールカクテル

梨は、夏は幸水、秋には豊水、南水で作るカクテル。本来はウォッカを入れるところを、トニックウォーターを加えてアルコール感を出した。和梨は、すだちとのバランスがポイント。梨自体、味わいが淡泊なので、すだちはアクセントになる程度にしか使わないようにする。梨の繊維が残っていて、口に含むと梨を食べているような感覚になる。1400円（税込）

フロリダ

スタンダードなノンアルコールのカクテル。ショートカクテルとして作られ、カクテルグラスに作るドリンクのため、お酒の雰囲気を楽しみやすい。材料や配合にさまざまな種類がある中、本来のレシピではオレンジジュース40ml、レモンジュース20ml、アンゴスチュビター1 dash、シュガーシロップ1 tspだが、現代では酸味が強すぎるので、配合を調整した。1000円（税込）

安納芋のノンアルコールカクテル

材料

安納芋（塩茹でしたもの）…50g
生クリーム…45ml
濃いめに淹れたダージリンティー…20ml
バニラシロップ…1tsp
クラッシュアイス…適量
〈Garnish〉
シナモンスティック…1本

1
安納芋は皮をむき、シナモンスティック以外の材料
とともに、ブレンダーに入れて回す。

2
なめらかになったらグラスに入れ、シナモンスティッ
クを削りカクテル表面に浮かせ、シナモンスティック
を差し入れる。

ノンアルコール ソルクバーノ

材料(割合)

グレープフルーツジュース…6
トニックウォーター…4

1
氷を入れたグラスに、グレープフルーツジュース
を注ぐ。

2
トニックウォーターで満たし、軽くステアする。

ノンアルコール
アイリッシュコーヒー

材料

| コーヒー…180ml
| アイリッシュシロップ…5ml
| 生クリーム…適量

|
抽出したコーヒーを、グラスに入れる。

2
アイリッシュシロップを入れて、軽くステアする。

3
軽く立てた生クリームをのせる。

梨のノンアルコールカクテル

材料

| 梨…⅜個
| すだちジュース…½個分
| クラッシュアイス…適量
| トニックウォーター…適量

|
材料をすべて、ブレンダーで回し、グラスに注ぐ。

フロリダ

材料

- オレンジジュース…45ml
- レモンジュース…15ml
- シュガーシロップ… 1 tsp
- アンゴスチュビター… 1 dash

1
氷を入れたシェーカーに材料を入れ、シェークする。

2
冷やしたグラスに注ぐ。

カフェ ハイブリッド

CAFE HYBRID

代表 **横田雄介**

モクテルに、
カクテルとノンアルコールの双方の魅力を

オーストラリアを訪れた際、ラテアートの体験レッスンを受けたことをきっかけにバリスタの道を歩む。カクテルとコーヒーを独学で学び、2010年に埼玉・北本に『Espresso&Bar LP』をオープン。フレアバーテンダーとしても活躍。2016年7月、川越市に移転し、『CAFE HYBRID』を開業。

CAFE HYBRID
住所/埼玉県川越市新富町1-11-2
シントミビル1階
電話/049-299-4922
営業時間/ランチ12時〜15時、
カフェ12時〜18時、
バー18時〜24時
不定休
http://café-hybrid.com

前身の店は「エスプレッソ&バー」をうたって、ノンアルコールも含め、コーヒーや紅茶などを使った幅広いドリンクを提供。エスプレッソを活用したミクソロジーカクテルも人気でした。その流れを『HYBRID』も継承しています。カフェとバーのいいところのハイブリッドを目指した店づくりをしています。

モクテルにも「ハイブリッド」の魅力を意識しています。
「コーヒー×紅茶」のハイブリッド、「飲む×食べる」のハイブリッド、「甘さ×塩味」のハイブリッド、「炭酸×トニックウォーター」のハイブリッド、「薫香×エキス」のハイブリッドなどなど。モクテルは、ミックスジュースより材料の組み合わせが幅広いのが魅力になります。さらに、混ぜるだけでなく、別の機器を使って合わせたり、組み合わせる工程があると、作っている様子も目を引き付けます。まるで、ショートムービーを見るように、作る工程も魅力になるのが、モクテルの特徴だと思います。この魅力が、見ているお客様に「どんな味なんだろう！」という期待感をふくらませることにもつながります。

バージン・バノックバーン

スコッチウイスキーとトマトジュースで作るカクテル「バノックバーン」のノンアルコール版。出身の埼玉・北本市をオマージュして、北本特産のフルーツトマトを選び、同じく北本市では桜が有名なので、桜シロップと桜チップの薫香を合わせて特徴を出した。スモーキーな、ベーコンの後口のようなコクが広がり、少しずつ飲んでも余韻を長く楽しめる。

ローズマリー・オレンジ・スカッシュ

オレンジ炭酸の上にトニックウォーターを注いでセパレートにし、2層の炭酸の味わいも楽しめる。底のオレンジ炭酸は、オレンジ果汁とローズマリーをソーダサイフォンで加圧した、清涼感が高く、ローズマリーの香味をしっかり感じられるもの。炙ったローズマリーもドロップし、飲み進むにつれ、炭酸のピリッとした味わいとローズマリーの香りのインパクトの余韻が強まる。

いちじくのモクテル～ソルトアイレのせ

山盛りの白い泡が目を引くモクテル。白い泡は塩の泡。塩味でいちじくの甘さを引き立てるのと、いちじくの甘い香りを泡で閉じ込め、最後まで香味を楽しめるという趣向。いちじくにはクランベリージュースとグレープフルーツジュースを合わせ、後味のすっきりさをプラスした。

フローラル・ジュレモヒート

清涼感のあるミントのスムージー
と、ライムジュースで作るライムフ
ォームを別々の器で提供するユニー
クなスタイル。スムージーをすくっ
て、カップの泡に浸けて食べるとモ
ヒートの味わいになる。また、ライ
ムフォームはゼラチンを混ぜて作る
ので、その中にスムージーを入れて
混ぜて3分ほどおくと、冷えてジュ
レ状に固まり、デザート感覚で楽し
める（写真右上）。いろいろな楽しみ
方と味の変化を味わえ、飲みながら
話題も広がるモクテルだ。

カフェ・フローラル

日本スペシャルティコーヒー協会の「コーヒー　イン　グッドスピリッツ」の大会に出たときに考えたもののノンアルコール版。サイフォンで抽出するホットモクテル。コーヒーの甘みとフルーティな紅茶風の爽やかな後味が楽しめる、まさに、コーヒーと紅茶の両方のいいところを味わうハイブリッド・モクテル。途中、添えたシナモンスティックで混ぜながら、香りの変化も楽しんでもらう。

バージン・バノックバーン

材料

フルーツトマト…3個
グレープフルーツ果汁…30ml
モナン・チェリーブロッサム（サクラシロップ）
　…10ml
桜チップ…適量
〈Garnish〉
レモン串切り

1
トマトはヘタを取り、焦げ目がつかない程度に
バーナーで炙る。

2
ペストルでつぶし、漉しながらメイソンジャー
に注ぐ。

3
グレープフルーツ果汁、サクラシロップを加え
る。

4
スモークマシンで桜チップを燻り、そのスモー
クをチューブでメイソンジャーに送り、フタを
して密閉する。スモークの消え方を見ながらシ
ェイクし、スモーク加減を調整する。

5
フタを取り、氷を入れる。ストローを添え、レ
モンの串切りを飾る。

ローズマリー・オレンジ・スカッシュ

材料

オレンジ果汁…60ml
ローズマリー（枝）…2本
トニックウォーター…適量
オレンジスライス…1枚
〈Garnish〉
ローズマリー（枝）…1本

1
オレンジ果汁とローズマリーの枝1本を合わせ
て、ソーダサイフォンに2分かける。

2
氷を入れたグラスに注ぎ、トニックウォーター
で満たす。

3
ローズマリーの枝1本をライターで炙ってから
入れ、オレンジスライスを入れる。

4
ローズマリーの枝を飾る。

いちじくのモクテル
～ソルトアイレのせ

材料

- いちじく…1個
- クランベリージュース…60ml
- グレープフルーツジュース…15ml
- グラニュー糖…½tsp
- ソルトアイレ※…適量

- ※ソルトアイレ
- 材料(仕込み量)
- 大豆レシチン…1tsp
- 雪塩…½tsp
- 水…60ml
- 湯…60ml

1 材料を合わせ、よく混ぜ合わせる。
2 エアポンプで泡立てる。

1
いちじくは皮をむいて、適当な大きさにカット
してボストンシェーカーのティンに入れ、ペス
トルでつぶす。

2
クランベリージュース、グレープフルーツジュ
ース、グラニュー糖、氷を1に入れてシェイク
する。

3
グラスに注ぎ、ソルトアイレをこんもりと盛る。

フローラル・ジュレモヒート

ミント・スムージー

材料

- ミントの葉…5〜6枚
- エルダーフラワーシロップ
  …10ml
- 水…50ml
- キューブアイス…6〜8個
- バジルシード…5g
- 〈Garnish〉
- ミントの葉…適量

1
バジルシード以外の材料をブ
レンダーでまわし、スムージ
ー状になったら、水で戻した
バジルシードを合わせる。

2
ミントの葉を飾り、ストロー
を添える。

ライムフォーム

材料

- エルダーフラワーシロップ
  …5ml
- シロップ…5ml
- ライムジュース…5ml
- 水…30ml
- 粉ゼラチン…2.5g
- 湯(ゼラチン用)…30ml
- 〈Garnish〉
- エディブルフラワー…適量

1
粉ゼラチンを分量の湯と合わ
せて混ぜておく。

2
他の材料と1を合わせてソー
ダサイフォンにセットして2
分ほど加圧する。

3
カップに注ぎ、エディブルフ
ラワーを飾る。スプーンを添
える。

カフェ・フローラル

材料

モナン・ローズシロップ…5ml
ステビア…1tsp
マルバフラワー…2tsp
シナモンスティック…½本
レモン果汁…2〜3滴
コーヒー粉(エチオピア・シダモ)…13g
湯…180ml
〈Garnish〉
シナモンスティック…1本

1
カップにローズシロップを入れる。

2
サイフォンのロートに、ステビア、マルバフラワー、砕いたシナモンスティックを入れる。

3
サイフォンのフラスコに湯を入れ、火にかける。湯がフロートへ上がってきたら、レモン果汁を加える。色がピンクに変わる。

4
コーヒー粉を加えて攪拌する。攪拌は30回ほどして火をはずす。

5
フラスコに抽出液が落ちたら、カップに注ぐ。シナモンスティックを添える。

specialty coffee & mixology cafe Knopp

代表 **吉田奈央**

バーテンダーを経験した後、大阪の人気カフェ「Shakers café lounge」でチーフバリスタを務める。同店舗や外部大手企業向けのアレンジドリンク開発を担当。バリスタを7年経験した後、2013年10月に『Knopp』を開業。

specialty coffee &
mixology cafe Knopp

住所／大阪府大阪市中央区南船場
1-12-27
電話／06-6227-8111
営業時間／11時30分〜22時
定休日／日曜日
http://www.knopp.jp/

モクテルは、
スペシャルな楽しみを持っている飲み物。

アルコールを使わないで作るカクテルでも、それは、スペシャルな飲み物であることが大切だと思います。「スペシャル」は、「高級な」という意味ではありません。「スペシャルティコーヒー＆ミクソロジーカフェ」と、店名にもうたっている「スペシャル」で、その産地の特徴のある材料、生産者の想いがこめられている材料、栽培方法にも配慮がある材料…を使うという意味での「スペシャル」です。

旬のフルーツ、そして、いい状態で仕入れられる近郊のフルーツを選び、それを店内に表示し、カクテル、モクテルにして提供しています。また、スペシャルティコーヒーを使ったカクテルとモクテルも積極的に考えるようにしています。

スペシャルな飲み物として、モクテルは、いろいろ楽しめることも大切にしています。見た目に楽しさを感じる飾り方にしたり、ストローやグラスに口を近づけたときの香りを計算した飾り方の工夫もします。

また、グラスに飾るものを味わうことで、味の変化やアクセントになるようにも配慮してモクテルも仕上げています。

コーヒーサングリア

サーバーにカットフルーツを入れ、上からコーヒーをペーパードリップで抽出し、そのまま冷蔵してコーヒーにフルーツの香味を移した。これは夏限定のコーヒーサングリア。コーヒーはルワンダ・ミビリッチの中煎り。そのジャスミンを感じるフローラルなフレーバーと、チェリーのような爽やかな酸味に合わせ、フルーツは桃（岡山産なつおとめ）とスモモ（佐賀産）を選んだ。コーヒーの熟した赤い実をイメージし、赤すぐりの飾りで。広がる香味を楽しめるよう、ワイングラスに入れる。770円（税込）

パプリカとベリーのフローズン〜ミントの入道雲を浮かべて

パプリカの香りにイチゴの爽やかさを合わせ、バニラアイスとヨーグルトでコクを加えたスムージーに、夏の入道雲をイメージしたミントフォームをトッピング。飾ったミントの葉をつぶしながら飲むと、清涼感がアップ。パプリカのほか、同じく夏野菜のキュウリ、トウモロコシでアレンジもできる。

パッションフルーツのガーデンモヒート

パッションフルーツの果肉をつぶして炭酸水と合わせ、清涼感を高めたモクテル。ストローに口を近づけるたびに、レモンタイムとローズマリーの香りも強く感じ、ハーブガーデンにいるような心地に。飾りのパッションフルーツの中にはハチミツをしのばせ、その甘酸っぱい果肉をときどきアクセントとして味わいながら楽しんでもらう趣向。1000円（税込）

アールスメロンのティラミスモクテル〜焦がしバターの香り

エスプレッソコーヒーとマスカルポーネチーズの組み合わせのティラミスの味わいに、福井産アールスメロンを合わせて、濃厚だけれど飲みやすいモクテルに。コーヒーはインドネシア・ワハナのロングベリー種を選んだ。ハーブのような香りとメロンのような果実味が特徴のコーヒーで、アールスメロンとの相性を高めた。焦がしバターの風味で香ばしさをプラスし、仕上げのブラックペッパーで余韻も深めている。

桃とローズのモクテルドーム〜バラの香り

チェコ製の球形グラスに、バラのハーブティーと、同じくバラ科の桃で作るモクテルを閉じ込めた。ピンクのかわいい色合いを楽しみながら、ストローで呑むと、バラと桃の香味と甘さが口の中に広がる。飾りにもバラの花と、同じくバラ科のイチゴのピューレを。バラの花はエディブルフラワーで、花とピューレを味わいながら、アクセントにすることもできる。

コーヒーサングリア

材料

- コーヒー(粉)…適量
- 湯…適量
- キビ砂糖…コーヒー抽出液の1%
- 桃…適量
- スモモ…適量
- アイスボール…適量
- 〈Garnish〉
- 赤すぐりの実…適量
- 南天の葉…適量

1
サーバーにカットした桃とスモモ、分量のキビ砂糖を入れる。

2
上にドリッパー、ペーパーフィルターをセットし、コーヒーの粉を入れて抽出する。

3
抽出し、粗熱が取れたら冷蔵庫でそのまま冷やす。

4
グラスに氷を入れ、3を注ぐ。

5
赤すぐり、南天の葉を飾る。

パプリカとベリーのフローズン
〜ミントの入道雲を浮かべて

材料

- 赤パプリカ※…30g
- バニラアイスクリーム…40g
- プレーンヨーグルト…40g
- 生クリーム(35%)…25ml
- 冷凍ストロベリー…15g
- シロップ…1tsp
- レモン果汁…⅛個分
- クラッシュアイス…100g
- ミントフォーム※…適量
- 〈Garnish〉
- ミントの葉…適量

— ※赤パプリカ

1　赤パプリカはヘタを取り、半分に切ってタネを除く。皮を焼いて冷水にとって皮を取ったものを使用。

— ※ミントフォーム
材料
- ミントの葉…適量
- ミネラルウォーター…適量
- アルヴミナ…ミントウォーター60mlに対して6g
- レモン果汁…少々

1　ミントウォーターを作る。ミントの葉をフレンチプレスに入れ、ミネラルウォーターを注いで抽出する。

2　1にアルヴミナを加え、泡立て器で泡立てて、レモン果汁を混ぜる。

1
赤パプリカ、バニラアイス、ヨーグルト、生クリーム、冷凍ストロベリー、シロップ、レモン果汁をブレンダーで攪拌する。

2
よく混ざったら、クラッシュアイスを加えてさらに攪拌する。

3
グラスに注ぎ、上にミントフォームをこんもりと盛り、ミントの葉を飾る。ストローを添える。

パッションフルーツの
ガーデンモヒート

材料

> パッションフルーツ…½個
> レモン果汁…½個分
> キビ砂糖…2tsp
> レモンタイム…少々
> 炭酸水…適量
> クラッシュアイス…適量
> 〈Garnish〉
> パッションフルーツ…½個
> ハチミツ…適量
> ローズマリー…適量
> レモンタイム…適量

1
グラスに、パッションフルーツの果肉とタネ、
レモン果汁、キビ砂糖、レモンタイムを入れて
ペストルでつぶす。

2
炭酸水を少し注いでバースプーンで混ぜる。

3
炭酸水を足し、クラッシュアイスを加える。

4
半分に切ったパッションフルーツの果肉の部分
にハチミツを入れてグラスに飾る。

5
ストローを2本刺し、ストローのまわりにレモ
ンタイムを飾る。グラスのまわりにローズマリ
ーを巻いてクリップで止める。

アールスメロンのティラミスモクテル
～焦がしバターの香り

材料

> エスプレッソ…60ml
> マスカルポーネチーズ…20g
> アールスメロン…90g
> 焦がしバター…1tsp
> 生クリーム(35%)…1tsp
> シロップ…2tsp
> ブラックペッパー…適量
> 〈Garnish〉
> 金箔…適量

1
エスプレッソをダブルショットで抽出する。

2
エスプレッソが熱いうちにマスカルポーネチー
ズを合わせて溶かす。

3
ボストンシェーカーのティンにアールスメロン
を入れてバーミキサーで攪拌する。

4
2を漉しながら3に入れ、続いて焦がしバター、
生クリーム、シロップ、氷を入れてシェイクす
る。

5
冷やしておいたグラスに注ぎ、ブラックペッパ
ーをふる。金箔を飾る。

桃とローズのモクテルドーム
〜バラの香り

材料

桃（岡山産なつおとめ） 　…½個	モナン・ストロベリー 　ピューレ…適量
レモン果汁…⅛個分	
ローズウォーター※…90ml	※ローズウォーター
バニラシロップ※…1tsp	ローズピンクのハーブティー を抽出し、冷やす。
クランベリージュース 　…90ml	
クラッシュアイス…適量	※バニラシロップ
〈Garnish〉	バニラビーンズと水とグラニ ュー糖を合わせて火にかけ、
ベルローズ（エディブル 　フラワー）…適量	煮詰めたもの。

1
広口グラスに皮をむいた桃の果肉とレモン果汁を入れてペストルでつぶす。

2
ローズウォーター、バニラシロップを加えて、バーミキサーで攪拌する。

3
クランベリージュースと2と氷をシェーカーに入れてシェイクする。

4
ドームグラスにクラッシュアイスを入れ、3を注いでソーサーにのせ、ストローを添える。

5
グラスとソーサーにバラの花を飾る。ソーサーにストロベリーピューレを飾る。

The Veranda

モクテルは、
特別感があって、子供も楽しめるドリンク

The Veranda
住所／東京都世田谷区玉川3-17-1
玉川高島屋S・C南館9階
電話／03-3709-1273
営業時間／11時～22時(L.O.21時)
定休日／玉川高島屋S・Cに準じる
http://r.gnavi.co.jp/3zegwcv00000/

「ハワイアンとパシフィック リム」を
コンセプトに、ハワイアンな料理やデ
ザートと、飲み物を揃えています。定
番のトロピカルカクテルの他、完熟パ
インのサングリアや、ココナッツやマ
ンゴーを使ったトロピカルなビアカク
テルやワインカクテルも幅広くそろえ
ています。そして、ノンアルコールカ
クテルも同様に充実させています。

ショッピングセンターの飲食フロア
にあり、子供連れのお客様、車で来店
しているお客様が多いです。そのため
もあり、夜の時間帯でもノンアルコー
ルカクテルのほうがよく注文されるこ

とが少なくありません。メニュー表で
も、ノンアルコールカクテルのページ
を設けて紹介しています。

お酒を飲む人と席が一緒でも、この
ノンアルコールカクテルなら、お酒を
飲んでいるような気分を共有できる、
そんなノンアルコールカクテルを提供
するようにしています。ソフトドリン
クより特別感があって、飾りも華やか
さがあるノンアルコールカクテルにな
るようにします。家族連れが多いので、
お子様も楽しめるドリンクとして、い
ろいろなバリエーションを提供してい
ます。

アロハ・マーメード

ブルーキュラソーのシロップで南国の海を、ココナッツシロップで南国の風を表現した。定番のトロピカルカクテルそのもののスタイルなので、ノンアルコールでも、お酒を飲んでいる人と一緒に、お酒を楽しんでいるような気分を味わえる。940円（税込）

フラガール

パイナップルとオレンジとグレナデンの爽やかな甘さが炭酸とともに広がるノンアルコールカクテルを、フラガールのイラストをデザインしたグラスに。グレナデンシロップ、オレンジジュース、パインジュースでグラデーションにし、グラスを横から見ると、ハワイの夕日を背景にフラダンスを踊るフラガールの姿が浮かび上がる。940円（税込）

バージン・ピニャコラーダ

ラムベースのカクテル「ピニャコラーダ」のノンアルコール版。牛乳とココナッツシロップを加えて飲みやすくした。オレンジ、パイナップル、グレープフルーツを飾り、デザート的な食べる楽しさもプラスし、1杯をゆっくり味わえるように。1050円（税込）

アロハ・マーメード

材料

- モナン・ブルーキュラソーシロップ…5ml
- モナン・ココナッツシロップ…15ml
- グレープフルーツジュース…40ml
- トニックウォーター…30ml
- 炭酸水…30ml
- 〈Garnish〉
- グレープフルーツ…⅛個
- ハイビスカスの花…1個

1
グラスにブルーキュラソーシロップを入れ、氷を入れる。

2
静かにココナッツシロップを注ぎ、グレープフルーツジュースを注ぐ。

3
トニックウォーター、炭酸水を注ぎ、グレープフルーツとハイビスカスの花を飾る。

フラガール

材料

- モナン・グレナデンシロップ…10ml
- カリブ…15ml
- オレンジジュース…30ml
- パインジュース…45ml
- レモンジュース…10ml
- 炭酸水…40ml
- 〈Garnish〉
- レモンスライス…1枚
- ハイビスカスの花…1個

1
グラスにグレナデンシロップ、カリブを入れる。

2
水を入れ、静かにオレンジジュースを注ぐ。

3
パインジュース、レモンジュースを注ぎ、炭酸水を注ぐ。

4
レモンスライス、ハイビスカスの花を飾る。

バージン・ピニャコラーダ

材料(仕込み量)

パイナップルジュース…300ml
ココナッツミルク…200ml
モナン・ココナッツシロップ…100ml
牛乳…200ml
〈Garnish〉
オレンジ…1/8個
パイナップル…1切れ
グレープフルーツ…1/8個

1
材料をミキサーにかけて冷やしておく。

2
グラスにクラッシュアイスを入れ、1を注ぐ。

3
オレンジ、パイナップル、グレープフルーツを
飾る。

ヴォランティ ゼロヨンハチ

VOLENTE-048

フロアマスター **渡邉 努**

ノンアルコールカクテルにも、
雰囲気のあるネーミングと飾りを

1987年長野生まれ。2007年㈱ジョイントライフに入社。『チーズ料理専門レストラン VOLENTE-048』にてキッチン、ホールを担当し、2009年店長に就任。2021年7月より埼玉・大宮『ConeYaki-048』フロアマスターも兼任。

チーズ料理専門
レストラン
VOLENTE-048

住所／埼玉県さいたま市浦和区仲町
1-10-15
電話／048-711-4208
営業時間／11:30〜14:30(L.O.14:00)
17:00〜23:00(L.O.22:00)
定休日／不定休 ※お店へお問い合わせください。

若者がアルコールを好まなくなってきたと言われています。私の店でもワインやカクテルを取り揃えていますが、ここ数年注文する人が確実に減り、食事メインの方が増えてきているのを感じています。元々、女性のお客様が多かったのでソフトドリンク系にも力を入れてきましたが、最近は男性もソフトドリンクやカクテルを注文されることが多くなりました。

私の店では、食事と合わせてカクテルを楽しまれる場合がほとんど。そのため食事に合うように、甘さを控えたり、ソーダを合わせてすっきりさせたりしています。ただし甘いもの好きの女性客も多いので、シロップの量で調整したりすることもあります。

また、見た目も非常に重要です。カップルで来店し、1人がソフトドリンクでは、雰囲気が台無しになりかねません。グラスやストロー、飾りつけなどでカクテルのようなお洒落な見た目に仕上げます。また、お客様の興味をひくように、見たことがないようなオリジナルのネーミングを付ける一方で、使っているシロップやジュースをメニュー表に表記し、注文しやすさを工夫しています。

hana pana (ハナパナ)

"南国"をイメージし、沖縄県宮古島産の天然ハイビスカスエキス、ココナッツシロップ、パイナップルジュースを組み合わせた一杯。さわやかな酸味のハイビスカスエキスと、甘さのつよいココナッツシロップでメリハリのある甘酸っぱい味わいに。さらにパイナップルジュースとソーダで割り、食事にも合うほどよい甘さと爽快感を工夫する。またあえてステアせず、層状に重なった色合いと、自分でストローでかき混ぜながら飲む楽しさを演出している。580円(税込)

ベリーピース

女性を意識し、ほのかなピンク色になるようにとイメージして開発。ユニークなネーミングでも注文を誘う。鮮やかな紅色の国産天然ハイビスカスエキスをベースにカルピスを合わせ、白色に映えるベリー類を飾ってかわいらしく仕上げた。食事中でも飲みやすいように、炭酸水でアップしてさっぱりとした味わいに。ベリー類はあえて冷凍のものを凍ったままの状態で使用し、保冷にも役立てている。580円（税込）

アップルモーニ

緑色がきれいなグリーンアップルシロップに、赤いマラスキーノ・チェリーが映える。酸味があるグレープフルーツジュースとトニックウォーターを組み合わせ、甘さがあるがさっぱりしていると、食事客に特に人気。シロップの色味を活かすため、ステアをせずに提供。かわいらしいストローをさし、混ぜて飲む楽しさをプラスした。580円（税込）

メルティーキッス

甘い物好きの人向けに開発した、デザート感覚で楽しめる一杯。エスプレッソをベースにしたカフェラテ風のドリンク部分に、ホイップクリーム、ティラミスを大胆にトッピング。食事のしめにデザートとして食べることもできると好評だ。エスプレッソと牛乳で作るベース部分には甘さを加えず、エスプレッソの苦味も活かして大人向けの上品な甘さを工夫する。かわいらしいネーミングや見た目でも、女性客の注文を掴んでいる。

めぐみハイボール

常連客のリクエストから開発した人気の一杯。紅茶とジンジャーエールを同割にし、氷を入れたというシンプルな作りながら、どちらの香りや味わいも活かされて複雑なおいしさを生み出している。紅茶は店ではダージリンを使用し、店で淹れて冷やしておく。好みに合わせてアールグレイなどでアレンジも可能。ジンジャーエールは甘口タイプだが、こちらも好みで辛口タイプに変更可。割る割合を変えたり、レモンを添えたりしてもよい。580円（税込）

hana pana（ハナパナ）

材料

Beni（ハイビスカスエキス）…20ml
モナン・ココナッツシロップ…20ml
パイナップルジュース…60ml
クラッシュアイス…適量
炭酸水…適量
〈Garnish〉
カットレモン…適量
ミント…適量

1
グラスにクラッシュアイスを入れ、ココナッツシロップ、ハイビスカスエキス、パイナップルジュースを順に注ぐ。

2
炭酸水で満たし、カットレモン、ミントを飾る。

ベリーピース

材料

Beni（ハイビスカスエキス）…15ml
カルピス（原液）…90ml
炭酸水…適量
冷凍ベリー（クランベリー、ラズベリー、ブルーベリー）…適量
〈Garnish〉
セルフィーユ…適量

1
グラスに、氷を入れ、ハイビスカスエキス、カルピスを注ぐ。

2
炭酸水で満たし、軽くステアする。

3
冷凍ベリーを入れ、セルフィーユを飾る。

アップルモーニ

材料

モナン・グリーンアップルシロップ…20ml
グループフルーツジュース…60ml
トニックウォーター…適量
〈Garnish〉
マラスキーノ・チェリー…1個

1
ロンググラスに、グリーンアップルシロップを
注ぎ、氷を入れる。

2
グレープフルーツジュースを注ぎ、トニックウ
ォーターで満たす。

3
マラスキーノ・チェリーを飾る。中を混ぜない
ようにストローをさす。

メルティーキッス

材料

エスプレッソ…30ml
牛乳…120ml
ホイップクリーム…適量
ティラミス…適量
ココアパウダー…適量
〈Garnish〉
チョコレートスティック…2本
ミント…適量

1
グラスにエスプレッソを注ぎ、氷を入れる。

2
牛乳を注ぎ、ホイップクリームを一面にのせる。

3
ティラミスをトッピングし、ココアパウダーを
かける。

4
チョコレートスティックをさし、ミントを飾る。

めぐみハイボール

材料

紅茶(無糖)…150ml
ジンジャーエール…150ml

グラスに冷やしておいた紅茶とジンジャーエールを注ぎ、氷を入れる。ストローを添える。

山形県出身。2013年、「クールスイーツ」という誕生したばかりのヨーグルトアイスのブランドと出会い、東京・月島という場所で、ともに羽ばたいていこうと決心。飲食店について勉強中。

ANTIQUE

住所／東京都中央区月島
3-19-4-1階
電話03-6204-9955
営業時間／ランチ12時～15時、
バー18時～翌3時（ドリンクL.O.2時30分）
定休日／月曜日

アンティクエ

ANTIQUE

コンシェルジュ統括責任者 **眞田 絵里果**

ノンアルコールで、美と健康にいいスムージーを

『ANTIQUE』は、ラクレットや、チーズフォンデュやチーズの鉄板ステーキなどのチーズ料理が名物のダイニングバー。そして、「クールスイーツ」という独自ブランドのヨーグルトスイーツを提供しています。清里高原で作っているオリジナルのヨーグルトはビフィズス菌の含有が市販のものより多いのが特徴。これをフローズンタイプにし、シェイプしてビネガーとベリーやマンゴーなどのフルーツソースをかけます。ヨーグルト＋酢＋フルーツで、誰にでもわかりやすい、美と健康にいい内容です。

後味がさっぱりしているので、お酒を飲んだ後に召し上がる人、また、お酒を飲みながらチェイサーのようにして味わう方もいます。このクールスイーツを目当てに来店し、テイクアウトされる方もいます。

甘さはすっきり爽やかで、食事と一緒に楽しめるので、スムージータイプのドリンクも出しています。大人のムードのグラスに入れ、カクテルを味わっているような雰囲気で楽しんでもらっています。特製ヨーグルトはフルーツとの相性がバツグンなので、ノンアルコールカクテルとしていろいろ応用できると考えています。

クールスイーツ・スムージー

オリジナルヨーグルトを使ったスイーツの独自ブランド「クールスイーツ」がプロデュースしたハイビスカス・スムージー。カクテルグラスの側面に見える、ハイビスカスエキスが混ざった淡い朱色のマーブル模様がかわいい。ハイビスカスエキスは沖縄県石垣島産のハイビスカス100％で作る天然エキス。爽やかな酸味がヨーグルトのアクセントと余韻を深める。たっぷりトッピングするドライ・ラズベリーのカリカリとした食感もアクセントと楽しい余韻に。770円（税込）

クールスイーツ・スムージー

材料

クールスイーツ特製ヨーグルト…適量
Beni（天然ハイビスカスエキス）…適量
ドライ・ラズベリー…適量

1
クールスイーツ特製ヨーグルトを凍らせる。

2
ブレンダーで 1 を氷とともにまわして、スムージーにする。

3
グラスに注ぎ、ハイビスカスエキスを加えてざっくり混ぜる。

4
上にドライ・ラズベリーを散らす。

MAVO ∞

オーナーシェフ **西村 勉**

大阪あべの辻調理師専門学校を卒業
後、ホテルのシェフなどを経て、2007
年小田原「ラ　マティエール」で独立。
2014年、京都・祇園で「祇園MAVO」を
開業。オーナーシェフに就任。2021年、
現在の場所に移転。一般社団法人日本
ティーペアリング協会理事。

MAVO ∞
住所／京都府京都市東山区八坂通り
東大路西入る小松町594-7
電話／075-708-6988
URL／https://mavo.sobo.co.jp
営業時間／18時〜一斉スタート
完全予約制
定休日／火曜日、水曜日

ティーペアリング発祥のフランス料理店
日本茶の新しいスタイルを開発

『MAVO ∞』は、鉄板を使用したフランス料理を、ペアリングコースと共に8席の割烹スタイルにて提供する店。

2014年の開業以来、料理に合わせワイングラスで供す日本茶は、ノンアルコール派にもワイン愛好家にも評価が高い。ティーペアリングの言葉すらなかった時代から、自店での紹介に加え、様々なセミナーや他店とのコラボイベントを通じて新しい日本茶のスタイルを提案。今日ではパイオニアと称されている。

お酒を飲める方と飲めない方が同様に楽しい時間を共有出来ることがコンセプトだが、料理の味わいをさらに高みへと導くティーペアリングは、アルコールに替わる新様式であると西村氏は提唱する。

日本茶の旨味成分テアニンを高濃度に抽出する独自の抽出法や、茶だけでは成し得ない赤ワインの様な味わいの表現テクニックなど、店独自の強みではあるが、日本茶の文化を発展させ色々な飲食店でも役立ててほしいとの想いから、ネット動画サイトにてレシピ公開やオンライン講座も行っている。

一般には流通しない宇治の特級茶葉が織りなす圧倒的な日本茶のモクテルは、ペアリングを考える上で体験の価値があるだろう。

爽風

食事の始まりを爽やかに演出する
シャンパーニュの様なスパークリ
ングティー。酸味とほろ苦味のあ
る乳酸発酵の阿波晩茶がベース。
炭酸を注入後、フルーティーな桃
のビネガーを仕上げに加える。季
節や料理に合わせてビネガーを変
化させる。

薔薇

香ばしい焙じ茶に、薔薇の花びら
とハイビスカス、クランベリーな
どで軽く酸味のあるロゼワインの
イメージに仕上げた。白アスパラ
ガスの甘味、酸味にペアリング。
生ハムや軽い肉料理、サーモンな
どのオードブルにも良く合う。

鳳凰

宇治白川の製茶辻喜様より、特
別に納入頂くシングルオリジン
の碾茶あさひ。高濃度に抽出し
た最高峰の碾茶のテアニン、そ
の圧倒的な旨味を魚介のアミノ
酸にペアリング。牡蠣の味わい
とのシンクロ効果は絶品。

鶯

抹茶のほろ苦みと玄米の香ばし
い香りが、豆の甘味を引き立て
る。違う個性の味わいをペアリ
ングすることをサブリム効果と
呼び、料理の味わいも操作する
ことができる。

禅

宇治田原の最高峰かぶせ茶。お茶の収穫前に遮光する覆いをかぶせ、旨味、甘味のアミノ酸成分テアニンを増幅させたお茶。魚介のグルタミン酸と分子構造も似ていて、旨味のペアリングの効果がある。余韻にバニラ香を持たせることで、上質な白ワインの樽香を思わせるフルボディタイプのティー。

華

蜜香のある和紅茶に、完熟味の
あるドライフルーツで甘味のボ
ディを高めた。発酵茶には脂質
を切る効果があり、フォアグラ
などの料理には最適。フルーテ
ィーな甘味を持たせたティー
は、ソーテルヌやリースリング
の様にペアリング出来る。

彩

重厚感のあるボディとスパイシーな余韻、赤ワインの様なビジュアルを兼ね備えた、ほうじ茶ベースのブレンドティー。ノンアルコールの概念を変え、肉料理の味わいを華やかに彩る。日本茶単体では肉料理にペアリング出来るものはない。果実味や香りなどそのブレンドテクニックによって初めて肉料理へのペアリングが可能となる。

爽風

材料

阿波晩茶（徳島県産）…18g
レモングラス…3g
カルダモン…5粒
エルダーフラワー…1g
水（軟水または超軟水）…1.5ℓ
季節のフルーツビネガー（写真では桃のビネ
ガーを使用）…1人分10ml
ソーダストリーム（炭酸注入器）

1
カルダモンは、乳鉢で軽く潰しておく。

2
水を沸騰させ、1とそれ以外の材料を加え、10
分弱火で煮出す。

3
氷水にあてたボールを用意し、キッチンペーパ
ーを敷いたザルで2を濾し入れ急速に7℃以下ま
で冷やす。

4
3は、ソーダストリームの専用ボトルに移す。

5
ソーダストリームに専用ボトルをセットし、2回
ほどに分けて炭酸を注入する。

6
フルートグラスに桃のビネガーを注ぎ、5を満た
し軽くステアする。

薔薇

材料

ほうじ茶…13g
ローズフラワー…5g
ローゼルハイビスカス…1個
ビーツチップ…少々
クランベリー…17g
ドライアプリコット…12g
ドライトマト…12g
氷…6個
水（軟水または超軟水）…500ml

1
ティープレスに、ほうじ茶
を入れる。

2
ローズフラワー、ローゼル
ハイビスカス、ビーツチッ
プを入れる。

3
クランベリー、細かくカッ
トしたアプリコットとトマト
を入れる。

4
氷と水を注ぎ、蓋をして茶
葉が浸るよう調整する。

6
冷蔵庫で3時間浸漬する。

7
溶けていない氷を取り除
き、軽く混ぜてからしっか
りとプレスし、抽出する。

8
茶漉しで細かな茶葉を取り
除き、ボトルまたはグラス
に注ぐ。

鳳凰

材料

碾茶…22g
氷…6個
水（軟水または超軟水）…500ml

1
ティープレスに、碾茶を入れる。

2
氷、水を加え、蓋をして茶葉が浸るよう調整する。碾茶は特に浮きやすいので注意する。

3
冷蔵庫で3時間浸漬する。

4
溶けていない氷を取り除き、軽く混ぜてからしっかりとプレスし、抽出する。最後の1滴まで丁寧に搾る。

5
茶漉しで細かな茶葉を取り除き、ボトルまたはグラスに注ぐ。

鶯

材料

抹茶入り玄米茶…30g
シナモン…1g
トンカ豆…1個
氷…6個
水（軟水または超軟水）…500ml

1
ティープレスに、抹茶入り玄米茶を入れる。

2
乳鉢でシナモンとトンカ豆を軽く砕いて加える。

3
氷と水を注ぎ、蓋をして茶葉が浸るよう調整する。

4
冷蔵庫で3時間浸漬する。

5
溶けていない氷を取り除き、軽く混ぜてからしっかりとプレスし、抽出する。

6
茶漉しで細かな茶葉を取り除き、ボトルまたはグラスに注ぐ。

禅

材料

かぶせ茶…25g
バニラビーンズの鞘（種を除きドライにした
もの）…1㎝
氷…6個
水（軟水または超軟水）…500ml

1
ティープレスに、かぶせ茶を入れる。

2
バニラを加える。

3
氷、水を加え、蓋をして茶葉が浸るよう調整する。

4
冷蔵庫で3時間浸漬する。

5
溶けていない氷を取り除き、軽く混ぜてからしっかりとプレスし、抽出する。最後の1滴まで丁寧に搾る。

6
茶漉しで細かな茶葉を取り除き、ボトルまたはグラスに注ぐ。

華

材料

和紅茶（八女市矢部村お茶の千代乃園べにふ
うき）…18g
アニス…3片
ドライパイナップル…8g
ドライマンゴー…8g
ドライイチジク…10g
湯…30ml
水（軟水または超軟水）…470ml

1
ティープレスに、和紅茶を軽く揉みつぶしながら入れる。

2
アニスを入れる。

3
ドライフルーツをすべて細かくカットして入れる。

4
沸騰温度の湯を30ml程度回しかけ1分置く。発酵茶には少量の湯をかけるとその味わいが出やすい。

5
氷、水470mlを加え、蓋をして茶葉が浸るよう調整する。

6
冷蔵庫で3時間浸漬する。

7
溶けていない氷を取り除き、軽く混ぜてからしっかりとプレスし、抽出する。

8
茶漉しで細かな茶葉を取り除き、ボトルまたはグラスに注ぐ。

彩

材料

ほうじ茶…18g	ブラックペッパー…20粒	クランベリー…10g
マロウブラック（ドライフラワー）…2g	ジェニパーベリー…5粒	レーズン…10g
	アニス…3片	イチジク…10g
ローゼルハイビスカス…2個	シナモン…1g	パイナップル…8g
	カルダモン…3片	ドライトマト…12g
ビーツチップ…少々	ベチバー…1g	
	カカオニブ…5g	氷…6個
		水（軟水または超軟水）…500ml

1
ティープレスに、ほうじ茶を入れる。

2
マロウブラックの花びらのみ、細かくほぐしながら加える。

3
ローゼルハイビスカス、ビーツチップを入れる。

4
ブラックペッパー、ジェニパーベリー、アニス、シナモン、カルダモンを乳鉢で軽く砕いて加える。

5
ベチバー、カカオニブを入れる。

6
クランベリー以外のドライフルーツは細かくカットしてから加える。

7
氷と水を注ぎ、蓋をして茶葉が浸るよう調整する。

8
冷蔵庫で3時間浸漬する。

9
溶けていない氷を取り除き、軽く混ぜてからしっかりとプレスし、抽出する。

10
茶漉しで細かな茶葉を取り除き、ボトルまたはグラスに注ぐ。

バール デルソーレ

BAR DELSOLE

チーフバリスタ **横山千尋**

イタリアバリスタの先駆け。エスプレッソを使った料理、ジャム、ドリンクの開発、バリスタの育成に力を注ぐ。

Bar Del Sole 赤坂見附店
住所／東京都港区赤坂3-19-10
アパヴィラホテル1階
電話／03-3568-1226
営業時間／月曜日〜土曜日7時〜24時、日曜日・祝日11時〜23時
定休日／無休

イタリアのエスプレッソにこだわり、バールマンの技術を駆使してモクテルを！

イタリアでは、エスプレッソのためにブレンドしたコーヒー豆を、エスプレッソ用に焙煎し、エスプレッソマシンで9気圧の圧力をかけて20〜30秒で抽出したのがエスプレッソと認められている。コーヒーとエスプレッソは、はっきりとイタリアでは区別されている。なので、イタリアのバールに立つバールマンとして、エスプレッソを抽出して作るエスプレッソ・モクテルを考案。また、エスプレッソ用のコーヒー粉を水出ししたコーヒーを使ったモクテルも加えた。バールマンの必須技術でもあるシェーカーを振る工程も取り入れたものもある。

コーヒーは「香りと味の飲み物」と呼ばれ、コーヒーの香りの成分は、生豆で250種類程度で、焙煎した豆では800種類以上に増えると言われている。コーヒーの香味の官能評価で、「花のような」、「ハチミツのような」、「ナッツのような」、「柑橘類のような」、「スパイスのような」、「チョコレートのような」という表現がされるのは、コーヒーの香味のふくよかさの表れでもある。これらのコーヒーの香味の表現は、エスプレッソ・モクテルを考えるとき、「エスプレッソと何を組み合わせるか」を考える大事なヒントになる。

Neve Bianca 白い雪
ネーベ ビアンカ

エスプレッソとチョコレートの相性の良さに着目し、そのチョコレートをイチゴ味のホワイトチョコレートと組み合わせるイメージで、ホワイトチョコレートにバニラシロップとイチゴジェラート、バニラシロップを合わせて構成。エスプレッソの苦味とコクが、ホワイトチョコレートとイチゴジェラートの甘さを引きしめ、大人の味わいの仕上がりに。

ポ モ ド ー リ ソ リ デ ン ティ
Pomodori Sorridennti 笑顔のトマト

トマトの爽やかさが口の中に広がる、飲むサラダのような感覚の一杯。レモンオリーブオイルの辛味が後口に残りながら、エスプレッソのコクと香りの余韻が持続し、エスプレッソの役割がしっかりと表現されるモクテル。2つまみの塩は、全体の風味をしめるために。

Caffe' Morbido 柔らかいコーヒー

いま、イタリアでも注目されている、エスプレッソ用のコーヒー粉を水出しで抽出したコーヒーを使用。水出しするとクリアに抽出されるので、柑橘系フルーツを飾りに。途中でオレンジを絞ると味がしまるという趣向。ホイップクリームはコーヒー豆を1日浸けて香りを移した生クリームを、グラスに入れる直前に泡立てたもの。浸けるコーヒー豆は苦味とチョコレート香がしっかりしたものが合うので、南イタリアの「Trucillo」のコーヒー豆を選んだ。

ビッラ　カンパリ
Birra Campari　カンパリビール

エスプレッソに炭酸水を注ぐことで白い泡が立ち、黒ビールのように見えることから考案。エスプレッソとインスタントコーヒーの苦味に、カンパリシロップのビターさを合わせて、味的にもクラフトビールをイメージして創作。バニラシロップを加えることで、飲みやすさを高めて仕上げた。

Caffe' al Limone　レモン コーヒー

カフェ　アル　リモーネ

エスプレッソと柑橘系の組み合わせとは違うマイルドな仕上がりに。ヨーグルトのまろやかさが加わり、甘酸っぱい中にも、後味ではエスプレッソのコクを感じられる一杯に。レモンを絞ると酸味が強まり、香味が変化するのも楽しめる。

Limonata　レモネード
リ モ ナ ー タ

グレープジュース、レモンジュース、エスプレッソの順
に静かにグラスに注いで、3層にしたレイヤードスタイ
ル。苦味→酸味→甘味の順に、グラスの中の味わいの変
化を楽しめる一杯。糖度を調節して、3層の重ね方を変
えると、味わい方も変わる。

Albicocca 杏子
アルビコッカ

コーヒーの香味にはフルーツのような香味もあるので、アプリコット、オレンジ、レモン、ざくろ(グレナデン)のジュースとシロップを組み合わせて、いろいろな酸味と甘味の中にエスプレッソの香味もほんのり感じられる1杯に。香味を引き立ちのぼらせるため、炭酸水で割り、飲み口も爽やかになるように仕上げた。

Latteo　ミルキー
<small>ラッテオ</small>

エスプレッソ＋柑橘類＋アイスクリームの組み合わせの相性
の良さをアレンジした。アイスクリームをココナッツジェラ
ートにして、独特のミルキー感の中にエスプレッソの苦味と
コクを感じられる一杯に。シェイクして作るからこそできる
泡が、エスプレッソ同様にココナッツやオレンジの香りを閉
じ込め、最後まで香味を楽しませる。

Uova il Viaggio 卵 旅をする

ウォーヴァ イル ヴァジオ

エスプレッソと相性がいいバニラアイスクリームには卵黄が使われているように、エスプレッソと卵黄も相性がいいことを具現化。卵黄でコクを高め、バニラシロップで甘い香味を高め、オレンジとレモンの酸味でエスプレッソの酸味を引き立て、スイーツのような仕上がりに。

Baia Blu 青い湾
<small>バ イ ア ブ ル</small>

オレンジ香のしっかりしたブルーキュラソーシロップとレモンジュース、エスプレッソを層にしたモクテル。グラスの中の色の層のコントラストが、「どんな味なのだろう?」という好奇心を引き立てる。抽出したてのエスプレッソはシェーカーで氷とシェイクすることで、急冷して香味を閉じ込めるだけでなく、その泡も注いでグラスの中に香りを閉じ込める。

ネーベ ビアンカ
Neve Bianca
白い雪

材料

エスプレッソ…20ml
ホワイトチョコレート…9g
バニラシロップ…10g
イチゴジェラート…50g
氷(シェイク用)…適量
〈Garnish〉
ココアパウダー…適量
イチゴ(縦4等分に切ったもの)…1個
ミントの葉…適量

1
ホワイトチョコレートを湯煎で溶かしておく(チョコレートソースで代用しても良い)。

2
シェーカーに抽出したエスプレッソとバニラシロップを合わせ、氷を加えてシェイクし、グラスに注ぎ入れる。

3
2の上に1をゆっくりと注ぎ入れる。

4
シェーカーにイチゴジェラートを入れ、トロッとした状態になるまでシェイクした後、3にゆっくり流し入れる。

5
ココアパウダーを振り、イチゴとミントの葉を飾る。

ポ モ ドー リ ソ リ デン ティ
Pomodori Sorridennti
笑顔のトマト

材料

エスプレッソ…20ml
トマトジュース…140g
レモンオリーブオイル…20ml
塩…ふたつまみ
氷…100g
〈Garnish〉
レモン(くし形に切ったもの)…1切れ

1
氷を入れたグラスにトマトジュース、レモンオリーブオイルを入れてバースプーンでかき混ぜる。

2
エスプレッソを抽出して1に注ぎ入れ、バースプーンでしずかにかき混ぜ、塩を振ってグラスの縁にレモンを飾る。

Caffe' Morbido
柔らかいコーヒー

材料

水出しコーヒー…100ml
ジェラート・ラッテ…35g
　[生クリーム…25g (作りやすい分量)
　[ミルクジェラート…10g (作りやすい分量)
氷…100g
〈Garnish〉
オレンジ (スライスしたもの)…½枚
コーヒー豆…1粒

1
水出しコーヒーを作っておく。取材時は浸漬式の水出し抽出器具を使用。ジャグのストレーナーにコーヒー豆 (中挽き・20g) を入れ、ミネラルウォーター(300ml)を注ぎ入れて蓋をしたのち、冷蔵庫で一晩おく。

2
ジェラート・ラッテ用の生クリームの仕込みをする。容器に生クリーム1000mlとコーヒー豆8gを合わせ、冷蔵庫で一晩置く。

3
ジェラート・ラッテを作る。ジェラート・ラッテは、ジェラートとホイップクリームを9：1で合わせたもの。ボウルに2を入れて泡立て器で六分立てにし、ジェラートと合わせてさらに良く混ぜ合わせる。

4
氷を入れたグラスに1を注ぎ、その上に3をスプーンですくってのせた後、スライスオレンジとコーヒー豆を飾る。

Birra Campari
カンパリビール

材料

エスプレッソ…20ml
インスタントコーヒー…4g
炭酸水(無糖)…180ml
カンパリシロップ…10ml
バニラシロップ…10ml
氷 (シェイク用)…適量

1
ピッチャーにインスタントコーヒーの粉末を入れ、お湯10ml(分量外)で溶かしておく。

2
シェイカーに抽出したエスプレッソと1、氷を合わせ、シェイクする。

3
グラスに2を注ぎ入れ、カンパリシロップ、バニラシロップを加えてバースプーンでしずかにかき混ぜる。

4
炭酸水を注ぎ入れる。白い泡が上がってくるのである程度落ち着くのを待ち、再び炭酸水を注ぎ入れる。

Caffe' al Limone
レモン コーヒー

材料

エスプレッソ…20ml
プレーンヨーグルト…80g
レモンジュース…10ml
バニラシロップ…20ml
氷(シェイク用…適量)
〈Garnish〉
レモン(くし形に切ったもの)…1切れ

1
シェーカーにヨーグルト、レモンジュース、バニ
ラシロップを入れてバースプーンで軽くかき混ぜ
る。

2
抽出したエスプレッソと氷を加えてシェイクし、
グラスに注ぎ入れ、グラスの縁にレモンを飾る。

Limonata
レモネード

材料

エスプレッソ…20ml
ミネラルウォーター…55ml
ガムシロップ…20g
ブドウジュース…75ml
レモンジュース…10ml
氷…100g
〈Garnish〉
オレンジ(くし形に切ったもの)…1個

1
氷を入れたグラスにミネラルウォーターとガムシ
ロップを入れ、ブドウジュースとレモンジュース
を順にゆっくりと注ぎ入れる。

2
エスプレッソを抽出して1にゆっくり注ぎ入れ、
オレンジを飾る。

アルビコッカ
Albicocca
杏子

材料

エスプレッソ20ml
A ┌ アプリコットジュース…30ml
　│ オレンジジュース…20ml
　└ レモンジュース…20ml
炭酸水(無糖)…50ml
アプリコットシロップ…10ml
グレナデンシロップ…10ml
氷…100g
〈Garnish〉
ミントの葉…適量

1
シェーカーにAを入れてよく混ぜ合わせ、氷を入れたグラスに注ぐ。

2
1に炭酸水、アプリコットシロップ、グレナデンシロップを加え、抽出したエスプレッソをゆっくり注ぎ入れる。ミントの葉を飾る。

ラッテオ
Latteo
ミルキー

材料

エスプレッソ…20ml
オレンジジュース…40ml
ココナッツジェラート…50g
氷(シェイク用)…適量
〈Garnish〉
オレンジ(くし形に切ったもの)…1枚

1
シェーカーにオレンジジュースとココナッツジェラートを入れてバースプーンでよくかき混ぜ、抽出したエスプレッソと氷を加え、シェイクする。

2
グラスに注ぎ入れ、グラスの縁にオレンジを飾る。

Uova il Viaggio
卵 旅をする

材料

    エスプレッソ…20ml
    オレンジジュース…30ml
    レモンジュース…10ml
    バニラシロップ…10ml
    卵黄…1個分
    氷(シェイク用)…適量
    〈Garnish〉
    オレンジ(くし形に切ったもの)…1枚

1

シェーカーにすべての材料を入れてシェイクし、
グラスに注ぎ入れる。グラスの縁にオレンジを
飾る。

Baia Blu
青い湾

材料

    エスプレッソ…50ml
    ブルーキュラソーシロップ…30ml
    レモンジュース…10ml
    グラニュー糖…10g
    氷(シェイク用)…適量

1

グラスにブルーキュラソーシロップとレモンジュ
ースを順に注ぎ入れる。

2

シェーカーに抽出したエスプレッソとグラニュー
糖を入れ、氷を加えてシェイクする。

3

1に、2をスプーンに沿わせながらゆっくり注ぎ入
れる。

アカドメニューデベロップメントラボ

AKADO Menu Development Lab

代表 **赤土亮二**

モクテルは大人の空間で楽しめる
おしゃれなメニューづくりがポイント

AKADO
Menu Development Lab
住所／東京都品川区東品川2-5-6
天王洲ビュータワー807号
［飲食開業経営支援センター］
電話／03-6433-3121

　私のところにバーやカフェの開業希望者が多くやって来ます。メニューづくりの依頼に際して、カクテルメニューに加え、ノンアルコール需要が高まる現在はモクテルの開発依頼も増えています。そのモクテルメニューの開発で、私は基本をカクテルに置いています。

　モクテルはノンアルコールを使うので、ジュースのようなソフトドリンクにならないように注意をします。バーの大人の空間に似合うような味づくり、メニューづくりを行なうことを大切にしているのです。

　いま、ノンアルコールはノンアルコールビールからはじまり、ノンアルコールジン、ノンアルコールワイン、ノンアルコールスパークリングワイン、ノンアルコール清酒…と、バラエティーに富んでいまので、他のドリンクの組み合わせや配合によってカクテル風味になります。だが、それだけでは大人のモクテルにはなりません。私はハーブを加えたり、フルーツを飾るなどの演出で、おしゃれなアルコールドリンクに仕上げています。

139

ビギナーのピンクレディ

きれいなピンク色で女性に人気の
ピンクレディをノンアルコールで
作る。卵白を加えて淡い色合いに
するため、よくシェークしてほぐ
すのがポイント。思わず写真撮影
したくなるように、オレンジスライ
スを飾る。生のフルーツでなく、
グラニュー糖を振りかけた甘いド
ライフルーツを使い、スイーツと
しての楽しさを加えた。

イノセント・ホワイトレディ

ピンクレディより大人っぽい味わいのスタンダードカクテルのノンアルコール版。ノンアルコールジンがベース。トリプルセク・シロップのオレンジピールエキスを使った爽やかな香りと程よいほろ苦さが人気。透明感がある美しさが、品格あるキャリアウーマンにおすすめのモクテルである。

スノー・ギムレットモクテル

酸味の効いたさっぱりとした飲み口のモクテル。ギムレットはフレッシュなライムだけを絞って作るものもあるが、ライムジュース・コーディアルを加えて甘みをつける。今回はグラスの縁をライムで拭いてグラニュー糖をまぶし、おしゃれなスノースタイルに。縁のグラニュー糖の甘みも味わいながら飲む。

フレッシュ・ジンジャービアー

ノンアルコールドリンクの代表的なビール
モクテルの一つ。ノンアルコールビールを
ジンジャエールで割って作るが、摺りおろ
した生の生姜を加えることで辛みが加わ
り、ヘルシーで大人のドリンクに。ステア
一用のマドラー代わりにセロリのスティッ
クを入れる。ヘルシー感が高まるとともに、
スティックサラダをかじって食べる楽しさ
もある。

ファーストラブ・ビアー

カルピスの甘酸っぱさとノンアルコールビールのほろ苦さ、生のグレープフルーツジュースのフレッシュ感が合わさった大人の初恋をイメージしたモクテル。飲む時に、グラスの縁に飾ったグレープフルーツを絞って汁を加えて、豊かな味わいに仕上げる。ビールのように、ジュースのように、ゴクゴクと飲めるのも魅力である。

ビター・グリーンティー

程よい渋みと旨みがおいしい玉露茶をおしゃれなカクテル風に仕立てた。バーの大人の世界でお茶を楽しめるように、おつまみ代わりに小さく切った羊羹や干菓子などの和菓子を添えてセットする。提供時に、香りづけにレモンの皮でピールする。ただしレモンの皮はグラスの中に入れるのでなく、玉露の味を損なわないようグラスの外側だけにピールをする。

ライチ＆ハニーラッシー

タイで飲まれるソルティーライチドリンクと、インドで人気のドリンク＝ラッシー———熱帯地方のドリンクを組み合わせたモクテル。甘味と酸味と塩分を混ぜ合わせたジューシーな、飲みやすさが暑い夏におすすめ。爽やかな香りとほろ苦さが特長のセージを飾ることで、健康ドリンクのイメージも高まる。ハーブは、セージの代わりにエストラゴンでもよい。

トニック・モヒート

キューバ・ハバナが発祥といわれるモヒートは、文豪ヘミングウェイが愛したことでも知られるカクテル。本来、ラムで作るがここではトニックウォーターを使う。爽やかなミントの香とライムの酸味がおいしい。大きめのタンブラーかゴブレットにミントとライムを入れ、バースプーンの背でつぶして、香りと酸味を出す。つぶし過ぎると苦みが出てしまうので注意したい。

シルバー・マスカット

8月から10月が旬の、芳醇な香りとやさしい甘さが特長の
シャイン・マスカット。その新鮮なおいしさと、爽やかな
色合いを優雅に味わうノンアルコールカクテル。卵白を加
えることでクリーミーな仕上がりになる。マスカットの実
とレモンスライスを飾り、さらにおしゃれ感を高める。

清酒＆ライムロック

バーボンなどのアメリカンウイスキーで作る"オールドフ
ァッション・カクテル"をアレンジして、ノンアルコール清
酒を主役に仕立てた。くし型のライム、ライムの皮、レモ
ンの皮といったピールを入れ、マドラーで突きながら飲む。
一つ入った角砂糖、崩して甘みを加えてもよし、そのまま
崩さずピールの苦みを味わいながら飲んでもおいしい。自
分好みの味が楽しめるモクテルである。

トリプルセック・フラッペ

古くからいろいろなカクテルに使われるトリプルセック。
オレンジの皮、数種類の柑橘類のドライフルーツを漬け込
んで作るフレーバーの豊かさ、甘酸っぱさと苦みが特長。
その特徴を持つノンアルコールのシロップを使い、フレッ
シュのオレンジジュースとレモンジュースを混ぜ合わせ、
スムージースタイルの夏向きモクテルに仕立てた。エディ
ブルフラワーを飾り、華やかさを添える。

クラレット・フラッペ

クラレットは、フランス・ボルドー産の赤ワインを指す呼び名。ノンアルコール赤ワインをベースに、グレープジュースに加え、濃縮グレープジュースのコンクを入れた濃厚なスムージ。さらに、ブドウの王様といわれる巨峰の実、甘くて人気のデラウェアの実を飾り、贅沢感あふれるブドウのモクテルに。女性にも男性にも向く。

グレナデン・スプモーニ

スプモーニはイタリア生まれの鮮やかな赤色系カクテル。リキュールのカンパリとグレープフルーツジュースとトニックウォーターを混ぜ合わせたもの。苦みがあり、食前酒として楽しめる。ここでは、カンパリの代わりにザクロで作る赤いグレナデンシロップを使う。最後にミントの葉とグレープフルーツの飾り切りを飾って、おしゃれに演出する。

ビターショコラ・ダブルフロート

女性に人気のビターなチョコレート
シロップを使ったノンアルコールカ
クテル。ビターチョコレートシロッ
プに生クリーム、冷水のシェークに、
マスカルポーネチーズを合わせた濃
厚なホイップクリームを浮かべ、ノ
ンアルコール白ワインを回しかけた
リッチな味わいがおいしい。グラス
に差されたチョコレート菓子を食べ
ながら飲めるのもうれしい。

フルーツパンチ・ディセール

日本では「フルーツポンチ」という呼び名の方が馴染み深い。本来、"パンチ"は"5"の意味で、5種類のフルーツを盛り合わせて作る。ノンアルコールドリンクというよりもデザートである。ノンアルコールの赤のスパークリングワインをベースに、ストロベリー、パイナップル、キウイ、リンゴ、メロン…など、フルーツをたっぷり盛り込んだ女性に人気のモクテルである。

ビギナーのピンクレディ

材料

ノンアルコールジン…45ml
グレナデンシロップ…15ml
卵白…1個
フレッシュ・レモンジュース…5ml
オレンジスライス(ドライフルーツ)…1枚

1
シェーカーに氷を8分目入れ、ノンアルコールジン、グレナデンシロップ、卵白、フレッシュ・レモンジュースを加えて、よくシェークする。

2
カクテルグラスに注ぐ。

3
オレンジスライス(ドライフルーツ)に切れ目を入れ、グラスの縁に飾る。

イノセント・ホワイトレディ

材料

ノンアルコールジン…70ml
トリプルセク・シロップ…10ml
フレッシュ・レモンジュース…10ml
櫛型レモン…1個

1
シェーカーに氷を8分目入れ、ノンアルコールジン、トリプルセク・シロップ、フレッシュ・レモンジュースを加え、シェークする。

2
冷やしたカクテルグラスに注ぐ。

3
レモンを飾り切りし、グラスの縁に飾る。

スノー・ギムレットモクテル

材料

ノンアルコールジン…60ml
フレッシュ・ライムジュース…15ml
ライムジュース・コーディアル…5ml
ライムスライス…1枚
グラニュー糖…適宜
くし型ライム…1個

1
グラスの縁をライムスライスで拭き、グラニュー糖をまぶしつける。

2
氷を8分目入れたシェーカーにノンアルコールジン、フレッシュ・ライムジュース、ライムジュース・コーディアルを加えてシェークする。

3
冷やしたグラスに注ぎ、櫛型にカットしたライムを飾る

フレッシュ・ジンジャービアー

材料

ノンアルコールビール…220ml
ジンジャーエール…210ml
フレッシュ・レモンジュース…15ml
おろし生姜…小さじ1
セロリスティック…1本

1
ビアグラスにおろした生姜、フレッシュ・レモンジュースを入れ、ノンアルコールビール、ジンジャーエールを注ぐ。

2
1の中にセロリスティックを入れて、飾る

ファーストラブ・ビアー

材料

　ノンアルコールビール…120ml
　カルピス（通常の濃さに割ったもの）…380ml
　グレープフルーツジュース…20ml
　グレープフルーツ飾り切り…1個

1
冷水で割ったカルピスとグレープフルーツジュースをグラスに注ぐ。

2
ノンアルコールビールを注ぎ、ステアーする。

3
グラスの縁に飾り切りしたグレープフルーツを飾る。

ビター・グリーンティー

材料

　玉露…6g
　熱湯（50℃まで冷ます）…150ml
　レモン皮小片…1個
　新緑芽姜…1切れ（小さく切ったもの）

1
急須に玉露を入れ、湯冷ましを加えて2～2・5分置く。

2
ミキシンググラスを用意し、ストレーナーで1のお茶を漉して注ぎ入れる。

3
バースプーンでステアーし、カクテルグラスに注ぐ。

4
提供時に、レモン皮でグラスの外側にピールする。

ライチ&ハニーラッシー

材料

塩ライチ…20ml
ハチミツ…10ml
牛乳…80ml
フレッシュ・レモンジュース…10ml
氷塊…適宜
オレンジ皮…1個分
セージ…½本

1
氷を入れたシェーカーに、塩ライチ、ハチミツ、
牛乳、フレッシュ・レモンジュースを入れ、シ
ェークする。

2
ゴブレットに氷塊を入れ、1を注ぐ。

3
オレンジの皮とセージを飾り、マドラーを添え
る。

トニック・モヒート

材料

フレッシュ・ミント…3〜4枚
ライム…⅓個
ライムジュース・コーディアル…10ml
氷塊…適宜
トニックウォーター…適宜

1
フレッシュ・ミントの葉を1/2枚ずつにカット。
ライムは1/8当分にカットする。

2
飾り用のフレッシュ・ミントの葉とライムを残
し、1のフレッシュ・ミントとライムを大型の
グラスに入れ、ライムジュース・コーディアル
を加えてバースプーンの背でつぶす。

3
氷塊を加えて、トニック・ウォーターを注ぎ、
ステアーする。

4
グラスの縁に残りのフレッシュ・ミントとライ
ムを飾り、マドラーを添える。

ワイン・日本酒・焼酎・ウイスキー・ビールをおいしく合わせる

すし・和食のペアリング法則

鮨とワインのアカデミー代表・大江弘明 著

同じすしや和食も、酒との組み合わせで味わいは大きく変わる。食材や料理法、味付けに対して、酒の相性というものが存在する。本書はそれを科学的にわかりやすく解説。すしや料理をおいしく味わうべためのアリングの法則が習得できる。

■B6判・172ページ
■定価 本体1800円+税

旭屋出版

目 次

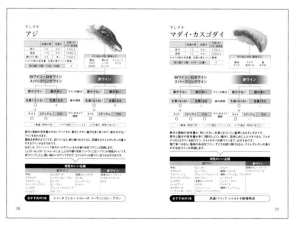

旭屋出版　〒160-0005 東京都新宿区愛住町23番地2 ベルックス新宿ビルⅡ 6階
販売部（直通）☎03-5369-6423 https://asahiya-jp.com

★お求めは、お近くの書店または旭屋出版WEBサイトへ。

ノンアルコールカクテル

MOCKTAIL BOOK

―人気のモクテルの世界―

本書は既刊「MOCKTAIL」(2016年刊)に新たに最新モクテルを追加。
加筆・再編集し、改題して出版したものです。

発行日　2021年9月1日　初版発行

編　者　旭屋出版編集部編(あさひやしゅっぱん へんしゅうぶ)
発行者　早嶋　茂
制作者　永瀬正人
発行所　株式会社旭屋出版
　　　　〒160-0005
　　　　東京都新宿区愛住町23番地2　ベルックス新宿ビルⅡ6階
　　　　TEL 03-5369-6424 FAX 03-5369-6430(編集部)
　　　　TEL 03-5369-6423　FAX 03-5369-6431(販売部)

　　　　旭屋出版ホームページ　https://www.asahiya-jp.com

　　　　郵便振替　00150-1-19572

●編集・取材　井上久尚　森　正吾
●デザイン　冨川幸雄(スタジオ フリーウェイ)
　　　　　　株式会社スタジオゲット
●取材　　　大畑加代子　三神さやか　野上知子
●撮影　　　後藤弘行　曽我浩一郎(旭屋出版)　川井裕一郎
　　　　　　徳山善行　野辺竜馬　古川章　間宮博　丸谷達也

印刷・製本　株式会社シナノパブリッシングプレス